디지털 드로잉,
처음이라도 괜찮아

디지털 드로잉, 처음이라도 괜찮아

초판 1쇄 2025년 5월 24일
지은이 조안나, 이선아, 유예지, 백승열
편집기획 북지육림 | **표지디자인** 김민영 | **본문디자인** 히웅
종이 다올페이퍼 | **제작** 명지북프린팅 | **펴낸곳** 지노 | **펴낸이** 도진호, 조소진
출판신고 2018년 4월 4일 | **주소** 경기도 고양시 일산서구 강선로 49, 916호
전화 070-4156-7770 | **팩스** 031-629-6577 | **이메일** jinopress@gmail.com

© 조안나, 이선아, 유예지, 백승열, 2025
ISBN 979-11-93878-20-0 (13000)

with Procreate

디지털 드로잉,
처음이라도 괜찮아

조안나, 이선아, 유예지, 백승열 지음

프롤로그

여러분은 디지털 드로잉을 배우게 되면 무엇이 하고 싶으신가요? 어떤 그림을 그리고 싶으신가요? 그림을 그리고 즐길 수 있다는 것은 참 좋은 일입니다. 나의 상상을 다양한 스타일로 자유롭게 표현할 수 있다면 그 자체로 삶이 행복해집니다.

하지만 그림을 그린다는 것은 쉽지 않습니다. 그림 실력을 떠나 재료, 도구, 시간, 공간 등 제약이 많습니다. 그래서 많은 분이 그림을 그리고 싶어도 시작을 어려워합니다. 디지털 드로잉은 이런 분들에게 좋은 해법이 됩니다. 다른 재료는 필요 없이 태블릿과 펜 하나만 있으면 됩니다. 여러분이 앉아 있는 그곳이 바로 멋진 그림 살롱이 됩니다.

아이패드와 프로크리에이트를 통해 디지털 드로잉을 시작하는 데 필요한 모든 것을 이 책 『디지털 드로잉, 처음이라도 괜찮아』에 정성스럽게 담았습니다. 누구든지, 초보자도 쉽게 디지털 드로잉을 시작할 수 있는 길잡이가 되도록 집필했습니다.

총 5부로 이루어진 본문은 처음 디지털 드로잉을 접하는 분들이 친숙하고 재미있게 기능을 익힐 수 있도록 난이도에 따라 단계를 나누어 순차적으로 구성했습니다.

1부에서는 프로크리에이트의 기본 사용법을 배우고, 2부와 3부에서는 여러분만의 아기자기한 캐릭터와 이모티콘을 제작하는 방법을 배울 수 있습니다. 그 과정에서 나만의 캐릭터를 만들어 저작권을 등록할 수도 있지요. 4부에서는 여러분이 만든 캐릭터를 바탕으로 스토리가 있는 그림(인스타툰)을 그려 SNS에 업로드하는 과정을 자세히 다루었습니다.

마지막 5부에서는 여러분의 그림에 생명력을 불어넣어 굿즈를 제작하는 과정과 방법을 소개합니다. 굿즈 제작은 여러분의 생활을 더욱 다채롭게 만들 수 있지요. 이 모든 것을 책 한 권으로 익힐 수 있습니다.

저희가 정성스럽게 준비한 책과 함께 머릿속으로만 생각했던 그림을 실제 삶으로 불러와보세요. 매력적이고 독창적인 창작을 통해 더 풍성한 삶을 경험할 수 있을 것입니다.

2025년 5월

조안나, 이선아, 유예지, 백승열

차례

디지털 드로잉, 함께 시작해볼까요?

디지털 드로잉을 하기 위해서는 '기기, 프로그램, 펜'이 필요해요.

* 기기: 갤럭시탭, 아이패드, 스마트폰 등

* 프로그램: 포토샵, 메디방페인트, 프로크리에이트 등

종이 역할을
하는 레이어

물감 역할을 하는
디지털 팔레트

펜, 붓 역할을 하는
디지털 펜

이 책에서는 아이패드(기기)와 프로크리에이트(프로그램)를
사용하지만, 다른 기기와 프로그램을 사용해도 괜찮아요.

어디 가는 거야~

심심해?

이리 와, 같이 안고 있자

디지털 드로잉으로 하고 싶은 이야기를 표현해보세요.
여행의 순간을 그릴 수도 있고, 일상의 사건을 그릴 수도 있죠.
수십 번 지웠다가 다시 그려도 괜찮아요. 그게 바로
디지털 드로잉의 매력이니까요.

제 1 부

프로크리에이트와 친해지기

프로크리에이트란 무엇인가

프로크리에이트는 아이패드 전용 디지털 드로잉 앱(app)입니다. 디지털 드로잉을 시작하는 초보자부터 전문가까지, 많은 사람이 프로크리에이트로 그림을 그립니다.

사람들은 왜 프로크리에이트를 사용할까요? 프로크리에이트가 그림을 그리는 사람들에게 널리 사랑받는 이유가 무엇일까요?

첫째, 초보자도 사용할 수 있을 만큼 인터페이스가 직관적입니다. 프로크리에이트는 초보자도 사용하기 쉬울 정도로 인터페이스가 직관적이며, 비교적 단순합니다. [파일 삽입하기], [잘라내기 및 크기 변경], [그리기 가이드] 등 필요한 기능들이 모두 한글로 작성되어 있습니다. 따라서 디지털 드로잉 사용 여부나 연령과 무관하게 누구나 쉽게 사용할 수 있습니다.

둘째, 한 번 구매로 추가 비용 없이 평생 사용할 수 있습니다. 다른 유료 드로잉 앱들은 보통 달마다 사용료를 지불하는 구독제를 선택하고 있습니다. 하지만 프로크리에이트는 처음 구입할 때 한 번만 구매 금액(약 2만 원)을 지불하면 추가 비용이 없습니다.

셋째, 다른 드로잉 앱에 없는 특별한 기능들이 존재합니다. 예를 들어 퀵셰이프(quick shape) 기능은 직선이나 원, 사각형 등을 그린 후 펜을 떼지 않고 잠시 멈추면 자동으로 반듯한 형태로 바꾸어줍니다. 직선, 곡선을 그리기가 어려운 초보자도 쉽게 그림을 완성할 수 있습니다.

넷째, 다양한 브러시를 무료 제공하며, 사용자가 직접 브러시를 커스터마이징하는 것도 가능합니다. 프로크리에이트 앱을 설치하면 아주 많은 브러시를 기본으로 제공합니다. 조금만 방법을 익히면 브러시를 내 취향에 맞게 커스터마이징하기도 쉽고요. 또한 많은 사람이 프로크리에이트를 사용하기 때문에, 다른 사용자들이 유·무료로 공유하는 브러시 종류도 다양합니다.

디지털 드로잉을 처음 접하는 분도 프로크리에이트와 『디지털 드로잉, 처음이라도 괜찮아』와 함께라면 다양한 그림을 그리며 삶을 즐길 여유를 발견할 수 있을 것입니다.

한눈에 보는 프로크리에이트 기본 메뉴

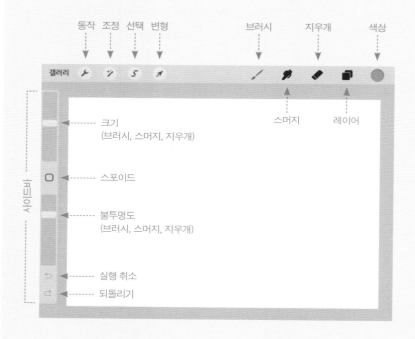

동작 · 조정 · 선택 · 변형 · 브러시 · 지우개 · 색상

갤러리

스머지 · 레이어

사이드바

크기
(브러시, 스머지, 지우개)

스포이드

불투명도
(브러시, 스머지, 지우개)

실행 취소

되돌리기

🔧 **동작**　파일이나 사진 삽입, 캔버스, 타임랩스, 설정 등을 확인하고 조정
할 수 있으며 이미지를 공유할 수 있다.

✨ **조정**　색조, 채도, 밝기 등을 조정하거나 가우시안 흐림 효과 등 다양한
효과를 줄 수 있으며 픽셀 유동화를 할 수 있다.

𝓢 **선택**　이미지의 일부분을 다양한 모양과 방식으로 선택할 수 있다.

↗ 변형 이미지의 크기, 각도, 위치 등을 수정할 수 있고, 왜곡하거나 뒤틀기를 할 수 있다.

✏ 브러시 다양한 종류의 브러시로 드로잉을 할 수 있다. 수정하고 싶은 브러시를 한 번 더 누르면 해당 브러시의 브러시 스튜디오가 나온다.

◢ 스머지 문질러서 색을 섞거나 번지게 할 수 있다.

◣ 지우개 캔버스에 그려져 있는 것을 지울 수 있다.

▤ 레이어 레이어를 볼 수 있고, 레이어를 추가, 삭제, 이동, 편집할 수 있다. 배경 색상을 바꾸거나 없앨 수도 있다.

● 색상 디스크, 클래식, 하모니, 값의 형태로 색상을 선택하거나 팔레트에 자주 쓰는 색을 저장할 수 있다.

◗ 크기 슬라이드바를 위아래로 이동해 브러시, 스머지, 지우개의 크기를 변경할 수 있다. 슬라이드바를 한 번 더 누르고, [+]를 누르면 자주 쓰는 크기를 저장해놓을 수 있다.

◗ 불투명도 슬라이드바를 위아래로 이동해 브러시, 스머지, 지우개의 불투명도를 변경할 수 있다.

◻ 스포이드 캔버스 안에 있는 색 중 선택할 수 있다. [동작] - [설정] - [제스처 제어]에서 이 ◻ 의 역할을 퀵셰이프, 퀵메뉴 등으로 바꿀 수 있다.

↩ 실행 취소 작업한 내역을 취소할 수 있다.

↪ 되돌리기 취소한 내용을 되돌릴 수 있다.

chapter
02

캔버스 설정 및
레이어 이해하기

디지털 드로잉을 시작할 때 가장 먼저 알아야 할 것은 '레이어'의 개념을 이해하는 것입니다. 디지털 드로잉에서 정말 중요한 레이어를 이해하고, 캔버스를 설정하여 그림을 그리기 위한 준비를 해볼까요?

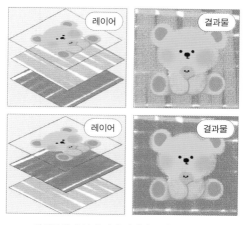

레이어의 순서에 따라 달라지는 결과물 예시

제1부. 프로크리에이트와 친해지기

캔버스 설정 살펴보기

그림을 그리기 전 내 프로크리에이트의 버전을 확인해주세요. 프로크리에이트 앱을 실행해 아이패드 화면 왼쪽 상단의 [Procreate]를 클릭하면 내 프로크리에이트의 버전 정보를 확인할 수 있습니다. 만약 최신 버전이 아니라면 최신 버전으로 업데이트해주세요.

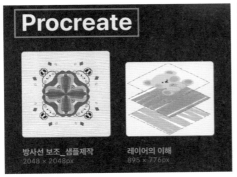

프로크리에이트 버전 확인하기

이제 그림을 그리기 위해서는 종이가 필요하겠죠? 캔버스를 생성해보겠습니다. 프로크리에이트 첫 화면 우측 상단의 [+] 버튼을 누르면 다양한 사이즈의 새로운 캔버스를 생성할 수 있습니다. 스크린 크기, 사각형, 4K, A4 등 다양한 사이즈가 준비되어 있으니, 원하는 사이즈를 선택하면 됩니다.

새로운 캔버스 생성하기 화면

    만약 원하는 사이즈가 없다면 '사용자지정 캔버스'를 만들 수도 있습니다. 사용자지정 캔버스를 만드는 아이콘(▬)을 누르면, 직접 너비와 높이를 조절할 수 있는 창이 실행됩니다.

    사용자지정 캔버스를 실행하면 너비, 높이, dpi(dots per inch)를 직접 입력할 수 있습니다. 이때 너비, 높이, dpi를 입력하면 최대로 생성할 수 있는 레이어 개수가 자동 입력됩니다. 캔버스의 사이즈가 크고, dpi가 높을수록 최대로 생성할 수 있는 레이어 개수는 적어집니다.

    예를 들어 너비 3000px, 높이 3000px, dpi 300인 캔버스는 최대 레이어 개수가 55개, 1000px, 높이 1000px, dpi 300인 캔버스는 최대 174개 레이어를 만들 수 있습니다. 여기서 레이어의 개수는 아이패드의 기기에 따라 다르며, 기기가 최신이고 성능이 좋을수록 사용 가능한 레이어는 늘어납니다.

사용자지정 캔버스 - 크기 설정하기

사용자지정 캔버스에서는 크기뿐만 아니라 색상 프로필, 타임랩스, 캔버스 속성 등을 추가 설정할 수 있습니다. '색상 프로필' 설정은 내가 디지털 드로잉으로 그림을 그리고, SNS 같은 웹상에 업로드하는 게 목적이라면 특별히 따로 지정할 필요는 없습니다. 기본 설정인 RGB(Dislpay P3)를 그대로 사용하면 됩니다. 다만 인쇄물로 출력하거나 굿즈를 제작한다면 CMYK로 사전에 설정하면 좋습니다.

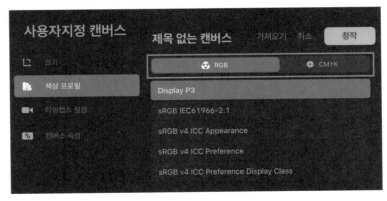

사용자지정 캔버스 - 색상 프로필 설정하기

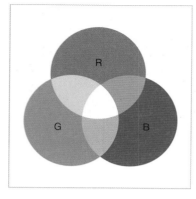 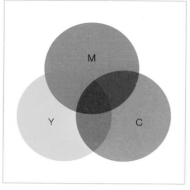

RGB   CMYK

참고로 RGB는 빛의 삼원색인 빨강(Red), 초록(Green), 파랑(Blue)
의 조합을 통해 색을 표현하는 방식으로 이미지를 웹용, 즉 인쇄(출
력)를 하지 않는 경우에 선택할 수 있습니다. 따라서 웹사이트, 모바
일 앱, 디지털 광고 등과 같이 화면상에서만 표시되는 이미지를 제작
할 때는 RGB 모드를 선택하는 것이 적합합니다. 반면에 CMYK는 청
록(Cyan), 자홍(Magenta), 노랑(Yellow), 검정(Key, Black)의 네 가지 색
료(잉크)를 혼합하여 색을 만들어내는 방식으로 인쇄용에 적합한 설
정입니다. 따라서 포스터, 책자, 명함 등과 같이 실제 인쇄물이 필요한
경우에는 반드시 CMYK 모드로 작업하는 것이 권장됩니다. 작업 목
적에 맞는 색상 모드를 선택하면 결과물의 품질을 높이고 색상의 차이
를 최소화할 수 있습니다.

'타임랩스'는 그림을 그리는 과정을 영상으로 기록하여 저장하는
기능입니다. 사용자지정 캔버스를 만들 때 타임랩스의 용량, 품질 등

제1부. 프로크리에이트와 친해지기

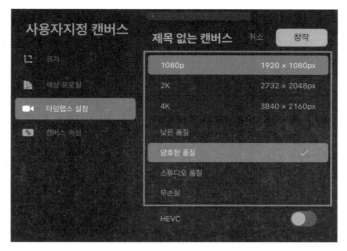

사용자지정 캔버스 - 타임랩스 설정 화면

캔버스에서 타임랩스 설정 화면

을 미리 설정할 수 있습니다. 타임랩스의 경우 설정을 완료한 다음 캔
버스를 실행했을 때 [동작] - [비디오]에서 녹화를 켜거나 끌 수 있으
며, 비디오로 저장할 수도 있습니다. 단, 한 번 캔버스를 생성하고 나

사용자지정 캔버스 - 캔버스 속성 설정 화면

면 중간에 화질 변경은 불가능하니, 타임랩스를 사용할 예정이라면 미리 화질을 체크하는 것이 좋습니다.

'캔버스 속성'은 배경 색상과 관련된 것으로 사전에 배경 색상을 지정하거나 끌 수 있는 설정창입니다. [캔버스 속성] - [배경 색상]에서 하얀색 동그라미 부분을 터치하면, 색상 팔레트가 실행되고, 사전에 배경색을 지정할 수 있습니다.

물론 이 탭에서 배경 색상을 지정하지 않아도, 추후 캔버스를 실행한 다음에도 얼마든지 수정할 수 있기 때문에 반드시 사전에 배경색을 지정해야 하는 것은 아닙니다. 미리 지정할 수도 있다는 정도만 기억하면 됩니다.

제1부. 프로크리에이트와 친해지기

레이어 이해하기

레이어(Layer)란 사전적 의미로 '겹쳐놓은 여러 이미지의 층'을 뜻합니다. 투명하고 아주 얇은 유리판이라고 생각해볼 수 있습니다. 투명한 유리판 위에 매직펜으로 그림을 그린다고 생각해보세요. 제일 아래 유리판에는 풀밭을 배경으로 그리고, 그다음 유리판에는 꽃을 그리고, 맨 위 유리판에는 나비를 그렸습니다. 이 유리판들을 하나로 합친 다음 위에서 내려다보면 어떻게 보일까요? 풀밭 위에 핀 꽃 주변을 날아다니는 나비가 그려진 한 장의 유리판 그림으로 보일 것입니다. 이것이 바로 '레이어'입니다. 디지털 드로잉에서는 레이어 순서를 어떻게 정하느냐에 따라 최종 결과물의 모습이 달라지므로 매우 중요합니다.

자, 여기 두 장의 그림이 있습니다.

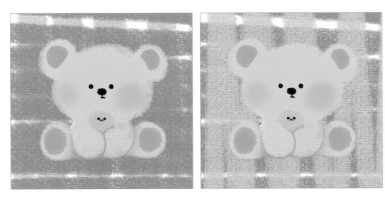

배경이 달라 보이지만 동일한 레이어를 가진 하나의 그림 예시

배경이 다른 이 두 장의 그림은 사실 다른 그림이 아니라 '동일한 레이어'를 가진 하나의 그림이라고 볼 수 있습니다. 단지 레이어의 순서가 다를 뿐입니다. 자, 여기 이 그림을 구성하는 세 장의 레이어를 보여드리겠습니다.

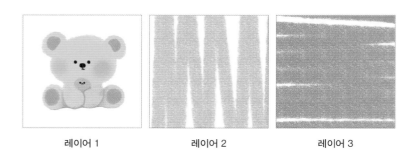

레이어 1   레이어 2   레이어 3

세 장의 레이어가 합쳐져 하나의 이미지가 됩니다. 앞에서 '레이어의 순서'에 따라 '최종 결과물'의 모습이 달라진다고 말씀드렸지요. 노란색 레이어가 가장 아래 위치하고, 그 위에 파란색 레이어, 가장 상단에 곰 그림 이미지가 위치하면 아래와 같은 그림이 됩니다.

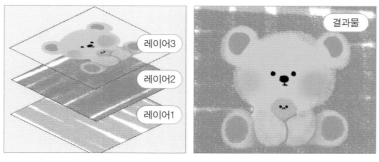

하단부터 [노란색 레이어] - [파란색 레이어] - [곰 그림 레이어] 위치할 경우

만약 레이어1(노란색)과 레이어2(파란색)의 순서가 바뀐다면 어떻게 될까요? 아래 이미지처럼 그림의 배경이 달라집니다.

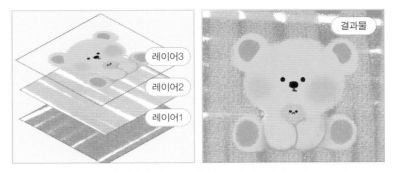

하단부터 [파란색 레이어] - [노란색 레이어] - [곰 그림 레이어] 위치할 경우

쉬운 이해를 위해 배경 레이어들의 순서만 변경하였지만, 이번에는 곰돌이 그림 레이어에 딸기를 그린 레이어를 하나 더 추가해보겠습니다. 다음 두 그림의 차이는 무엇일까요?

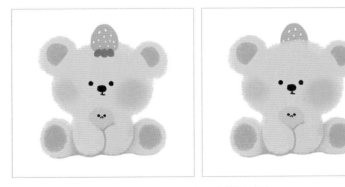

레이어 위치에 따른 결과물의 차이

정답은 '딸기 레이어의 위치가 다르다'입니다. [딸기 그림 레이어]가 [곰돌이 그림 레이어]보다 더 위에 있느냐, 아래에 있느냐에 따라, 딸기가 곰돌이 머리 위에 있는 것처럼 보일 수도 있고, 딸기가 곰돌이 머리 뒤에 있는 것처럼 보일 수도 있죠. 이처럼 레이어의 순서에 따라 결과에 차이가 생긴다는 점을 기억해주세요.

레이어 생성과 복제, 삭제하기

프로크리에이트 화면에서 레이어를 생성하고, 복제하고, 삭제해볼까요? 레이어 탭에서 [+] 버튼을 터치하면 새로운 레이어가 생성됩니다.

[+] 버튼 터치 - 새 레이어 생성

레이어를 잠그거나, 복제하거나, 삭제하고 싶다면 해당 레이어 위에 손가락을 올려놓고, 왼쪽 방향으로 밀어주세요. 그럼 다음과 같이 [잠금], [복제], [삭제] 탭이 활성화됩니다.

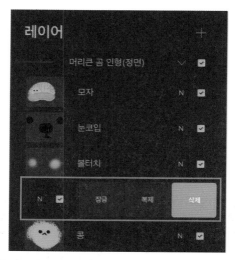

레이어를 왼쪽 방향으로 밀기(슬라이드) - [잠금], [복제], [삭제] 탭 활성화

　[잠금]은 현재 레이어를 잠그는 기능으로, 잠긴 레이어에서는 그림을 그리거나 수정할 수 없습니다. 레이어가 잠긴 상태에서 레이어를 왼쪽 방향으로 밀면(슬라이드하면) '잠금 해제'를 할 수 있습니다. [복제]는 현재 레이어를 복제하는 기능으로, 동일한 레이어를 복제하고 싶을 때 사용하고, [삭제]는 현재 레이어를 삭제하는 기능입니다.

　한편 레이어의 위치를 변경하고 싶을 때는 손가락이나 드로잉펜으로 레이어를 터치한 다음, 레이어를 길게 누른 상태에서 원하는 위치(위, 아래)로 이동시킬 수 있습니다.

제1부. 프로크리에이트와 친해지기

chapter
03

스케치와
채색 쉽게하기

프로크리에이트가 전 세계 많은 사람에게 사랑받는 이유 중 하나는 스케치와 채색을 쉽게 할 수 있도록 돕는 여러 기능을 제공하기 때문입니다. 그림 실력이 뛰어나면 좋겠지만, 그렇지 않더라도 선을 반듯하게 긋고, 색을 한 번에 칠할 수 있는 기능들이 도움이 됩니다. 연필만 잡으면 손이 덜덜 떨리는 사람도 손떨림 보정기능을 사용해 쉽게 스케치할 수 있답니다. 스케치와 채색을 쉽게 할 수 있도록 돕는 프로크리에이트의 여러 기능을 살펴볼까요?

직선과 도형을 쉽게 그려주는 퀵셰이프와 컬러 드롭

퀵셰이프는 선과 도형을 쉽게 그릴 수 있게 도와주는 기능입니다. 선이나 도형을 그린 다음 1초 정도 그림에서 펜을 떼지 않고(꾸욱 누른 상태로) 잠시 기다리면, 프로크리에이트가 자동으로 인식하여 삐뚤삐뚤한 선이나 원도 반듯하게 정리해줍니다.

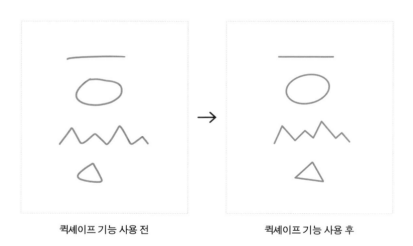

퀵셰이프 기능 사용 전   퀵셰이프 기능 사용 후

다음 토끼 스케치는 퀵셰이프를 사용해서 그린 그림입니다. 쉐이프가 선을 편리하게 그릴 수 있게 돕는다면, 컬러 드롭(Color Drop)은 채색을 편리하게 도와주는 기능입니다. 컬러 드롭을 사용하기 위해서는 스케치 레이어를 선택한 상태에서 우측 상단 맨 끝 팔레트의 색상

을 클릭한 채로 드래그하여, 채색을 하고자 하는 부분으로 가져와 손
을 놓아주세요. 아래 그림처럼 해당 영역이 색으로 채워집니다.

손을 떼지 않고 채색하고자 하는 부분까지 드래그　　　　　컬러 드롭으로 채색한 모습

　　단, 이때 컬러 드롭은 선이 모두 연결되어 닫힌 구조일 때 채색이 가
능합니다. 예를 들어 토끼의 스케치에서 선이 연결되지 않은 부분이 있
다면, 컬러 드롭을 시도했을 때 바탕색까지 전체적으로 채색됩니다.

선이 닫힌 구조가 아닌 그림일 때 컬러 드롭 사용 예시

간혹 선이 모두 연결되어 있음에도 불구하고 컬러 드롭이 되지 않는다면 브러시의 종류를 체크해주어야 합니다. 예를 들어 오일 파스텔이나 분필, 커스텀 브러시 등은 선 자체의 특징에 의해 컬러 드롭이 잘되지 않을 수 있습니다. 그럴 때는 브러시를 모노라인 등으로 변경해보세요.

분필 브러시   모노라인 브러시

레이어 옵션의 레퍼런스 기능으로 채색하기

레이어를 터치하면 여러 가지 옵션(이름변경, 복사하기, 레이어 채우기, 알파 채널 잠금 등)을 불러올 수 있습니다. 이 옵션 중 채색을 편하게 해주는 기능인 '레퍼런스'를 사용해볼까요? 레퍼런스는 캔버스의 특정 레이어를 '참조(레퍼런스)'로 설정하여, 해당 레이어의 선을 기준으로 다른 레이어에 색을 채울 수 있게 하는 기능입니다.

먼저 스케치 레이어를 터치하여 [레퍼런스]를 선택해주세요. 스케치 레이어를 레퍼런스로 설정하는 이유는 앞에서 말했듯, 레퍼런스가 체크

스케치 레이어에 레퍼런스 설정하기

된 레이어를 기준으로 다른 레이어에 색을 채울 수 있게 하는 기능이기 때문입니다.

스케치 레이어에 [레퍼런스]를 선택했다면, 이제 채색할 레이어를 만들어주세요. [+] 버튼을 눌러 새 레이어(채색 레이어)를 만든 다음, 스케치 레이어의 위치를 맨 위로 올려줍니다.

스케치 레이어가 맨 위에 있도록 새 레이어 위치 조정하기

이제 컬러 드롭으로 채색 레이어에 색을 칠해볼까요? 다음 그림처럼 선 안에 손쉽게 색이 채워지는 것을 볼 수 있습니다.

그럼 이런 질문을 할 수 있을 것 같아요.

"레퍼런스를 사용하지 않으면 컬러 드롭을 사용할 수 없나요?"

레퍼런스가 활성화된 상태에서 컬러 드롭으로 색칠하기

　아니요. 레퍼런스를 사용하지 않고도 컬러 드롭을 사용할 수 있습니다. 다만 레퍼런스를 사용하지 않는 경우, 컬러 드롭을 사용하기 위해 스케치(선 작업)를 한 레이어에 직접 채색해야 합니다. 이 경우의 단점은 하나의 레이어에 선을 그리고 채색했기 때문에 선이나 색을 각기 수정하기가 어렵다는 점입니다.

　다음 이미지를 보면, 색이나 선이 마음에 들지 않아 지우개로 특정 부분을 지웠을 때 어떤 차이가 생기는지 확인할 수 있습니다.

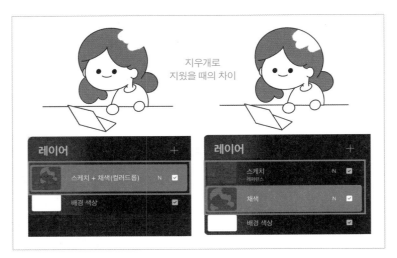

레이어 분리에 따라 달라지는 수정 작업

　　이처럼 하나의 레이어에 그림을 그렸을 때, 지우개를 사용하면 선
과 채색이 한꺼번에 지워져 개별 수정이 어렵습니다. 이럴 때 레퍼런
스 기능을 사용하면 컬러 드롭도 가능하고, 수정도 쉽습니다.

스케치 레이어에서 선의 일부만 지운 모습

채색 레이어에서 지우개를 사용한 모습

레이어 그룹화하기

이번에는 여러 레이어를 하나의 그룹으로 묶어서 관리하는 방법을 알아볼까요? 아래 빨간 머리 캐릭터의 경우 색연필 브러시를 사용하여 앞머리, 눈코입, 얼굴, 뒷머리, 손, 옷, 노트북, 책상 등의 밑색을 칠하는데 총 9개의 레이어를 사용하였습니다. 사람마다 작업 방식에 차이가 있지만, 저처럼 레이어를 많이 분류하여 작업하는 분은 레이어를 그룹

프로크리에이트에서 레이어를 그룹화하는 방법

화하면 효율적입니다. 레이어를 그룹화하는 방법은 다음과 같습니다.

첫째, 그룹화를 할 레이어를 모두 선택한다. 레이어를 선택할 때는 레이어 위에 손가락을 대고, 오른쪽 방향으로 민다. 이때 레이어의 색상이 본문 35쪽 그림처럼 남색으로 바뀌면 레이어가 선택된 것이다(레이어를 오른쪽 방향으로 밀면, 여러 개의 레이어를 한꺼번에 선택할 수 있다).

둘째, 레이어를 모두 선택하였다면 오른쪽 상단의 [그룹]을 터치하여, 그룹화를 한다.

여러 개의 레이어를 그룹화하면 아래 그림처럼 폴더 형식으로 묶입니다. 그러면 전체 그림을 한 번에 확대, 축소하는 등 변형 작업이 가능합니다. 레이어 그룹의 이름을 변경하고 싶다면 그룹화된 레이어를 한 번 터치하여, 활성화된 [이름변경] 기능을 사용합니다. [병합] 기능으로 여러 개 레이어를 하나의 레이어(이미지)로 합칠 수도 있고, [그룹 해제] 기능으로 그룹을 다시 해제할 수도 있습니다.

레이어를 그룹화한 모습

그룹화한 레이어의 이름을 변경한 모습

클리핑 마스크

클리핑 마스크는 레이어의 가시성을 제어하여, 정해진 영역을 벗어나지 않게끔 채색하는 기능입니다. 클리핑 마스크 기능을 적용하면 클리핑 마스크가 적용된 하위 레이어의 그림 범위 내 선이나 채색만 눈에 보입니다. 따라서 특정 영역에만 선을 그리거나, 색을 칠하고 싶을 때 사용하기에 유용한 기능입니다. 클리핑 마스크를 적용하는 방법은 다음과 같습니다.

첫째, 클리핑 마스크를 적용할 레이어를 결정한다. 본문 38쪽 예시에서 '토끼-채색' 레이어가 클리핑 마스크를 적용할 레이어이다.

둘째, '토끼-채색' 레이어 위에 [+] 버튼을 눌러 새로운 레이어를 생성한다.

셋째, 새로운 레이어의 이름을 '토끼-클리핑마스크'로 변경하고, 해당 레이어를 터치하여 옵션을 활성화시킨 다음, [클리핑 마스크]를 선택한다.

넷째, '토끼-클리핑마스크' 레이어에 채색을 하면, 아래 '토끼-채색' 레이어 범위 안의 채색만 보이게 된다.

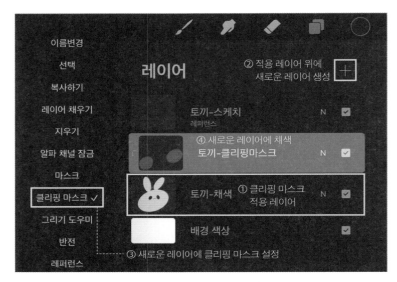

클리핑 마스크 기능 사용 방법

클리핑 마스크 적용 전

클리핑 마스크 적용 후

동일한 방법으로 클리핑 마스크를 사용하여 아래 이미지와 같이 옷의 무늬나 색상 등도 손쉽게 변경할 수 있습니다.

옷 무늬를 이용한 클리핑 마스크 이용 예시

이렇게 레이어를 옷, 무늬 등으로 나누고 클리핑 마스크를 사용하면 각각을 쉽게 수정할 수 있습니다. 색이 아닌 '선' 레이어에도 클리핑 마스크를 설정하여, 선 색깔도 변경할 수 있으니 적절히 사용해보세요.

알파 채널 잠금

알파 채널 잠금은 클리핑 마스크와 눈에 보이는 채색 결과는 동일하지만, 사용 방법에 차이가 있는 기능입니다. 클리핑 마스크의 경우 클리핑 마스크를 적용하고자 하는 레이어 위에 '새 레이어'를 추가하여 채색하지만, 알파 채널 잠금의 경우 새 레이어를 생성하지 않고 바로 해당 레이어에 채색할 수 있습니다.

클리핑 마스크와 알파 채널 잠금 비교

알파 채널 잠금을 사용하기 위해 이미 채색된 영역인 '토끼-채색 레이어'를 선택한 다음, 레이어를 가볍게 터치해주세요. 왼쪽 탭의 활성화된 레이어 옵션에서 [알파 채널 잠금]을 선택한 다음, 브러시로 토끼의 볼터치를 채색해주세요.

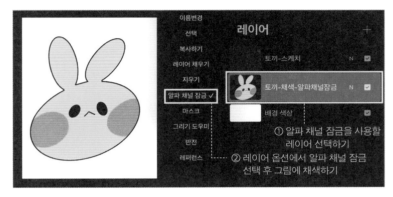

알파 채널 잠금 설정하기

알파 채널 잠금이 설정된 상태에서는 토끼 얼굴 바깥쪽까지 브러시로 채색해도 우리 눈에 보이지 않습니다. 그리고 알파 채널 잠금 상태에서는 레이어에 그림이 그려진 영역 내에서 덧칠이 가능하기 때문에, 레이어의 개수는 늘어나지 않습니다.

클리핑 마스크와 알파 채널 잠금의 핵심 장단점을 다음 표로 정리해보았습니다. 개념 정리에 도움이 될 거예요.

	장점	단점
클리핑 마스크	원본 레이어 위에 새로운 레이어를 생성하므로, 작업 결과가 마음에 들지 않으면 개별 레이어에서 각기 수정 가능.	클리핑 마스크를 추가할 때마다 레이어 개수가 늘어남.
알파 채널 잠금	레이어의 개수가 늘어나지 않음. (레이어 개수 최소화)	원본 레이어(알파 채널 잠금을 설정하는 레이어)에 직접 채색하기 때문에 작업 결과가 마음에 들지 않았을 때 개별 수정이 어려움.

클리핑 마스크와 알파 채널 잠금 장단점 비교

    참고로 저는 복잡한 작업일수록 알파 채널 잠금보다는 클리핑 마스크를 선호하는 편이지만, 레이어 개수가 너무 많아 작업이 복잡해지기도 합니다. 각각 장단점이 있으니 자신의 작업 스타일에 맞게 선택하여 사용하길 바랍니다.

그리기 가이드,
팔레트 활용 익히기

그리기 가이드는 쉽고 빠르게 그림을 그릴 수 있도록 보조하는 기능입니다. 가이드 선을 제공해주므로 반듯한 선을 그리거나, 대칭 그림을 쉽게 그릴 수도 있습니다. 이번 장에서는 그리기 가이드를 이용하여 간단한 캐릭터를 그려보고, 팔레트를 저장하고 활용하는 방법을 살펴보겠습니다.

그리기 가이드 설정과 기본 기능 이해하기

그리드 가이드를 사용하기 위해서는 [동작]-[캔버스]를 터치한 다음, [그리기 가이드]를 켜주세요. 그리고 그 아래 [그리기 가이드 편집]을 선택합니다.

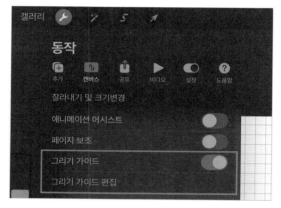

[동작] - [캔버스] - [그리기 가이드] 활성화

[그리기 가이드 편집]에서 2D격자, 등거리, 원근, 대칭 중 어떤 것을 선택할지 결정하고, 그리기 가이드의 색상, 불투명도, 두께, 격자 크기 등을 설정할 수 있습니다.

그리기 가이드 편집의 세부 내용은 다음과 같습니다.

제1부. 프로크리에이트와 친해지기

- **2D격자**: 화면에 정사각형 격자를 표시하여, 정렬과 비례를 맞추기 쉽도록 도움을 준다.
- **등거리**: 등거리 격자를 제공하여, 3D 느낌의 도면이나 등각 투영을 활용한 디자인을 지원한다.
- **원근**: 원근법 가이드를 설정해 1점, 2점, 3점 투시를 기반으로 그림을 그릴 수있다.
- **대칭**: 화면을 대칭축으로 나누어 축을 기준으로 동일하거나 반대되는 이미지가 자동으로 그려지도록 도움. 수평, 수직, 쿼드(4분할), 방사형 유형으로 나뉘어 있다.
- **불투명도**: 가이드의 투명도를 조절하여 가이드 선이 눈에 덜 띄거나 더 강조되게 설정한다.
- **두께**: 선의 두께를 조절한다.
- **격자크기**: 2D 격자 및 등거리 가이드에서 격자의 칸 크기를 조절있다.
- **그리기 도움받기**: 그리기 도움받기를 활성화하면 지정된 가이드의 도움을 받을 수 있음.
- **가이드 조절점**: 가이드 선 색상을 결정할 수 있다.

그리기 가이드의 대칭 기능을 사용해 캐릭터 그리기

그리기 가이드 '대칭' 기능에서 '수직'과 '방사상'을 활용해 그림을 채색하고 그려보겠습니다. 먼저 새 캔버스를 열고, 그리기 가이드 편집에서 [대칭]을 선택한 뒤, 옵션에서 [수직]을 설정합니다. 그런 다음 [그리기 도움받기]를 눌러 가이드를 적용해주세요.

2등신 캐릭터의 기본 스케치를 자연스럽게 그리기 위해 그리기 가이드를 꺼두고 연필로 스케치하듯 캐릭터를 그려주세요. 스케치가 끝나면 레이어의 [N]을 눌러 불투명도를 조절하고, 새 레이어를 추가한

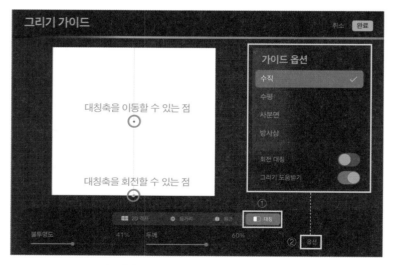

[그리기 가이드 편집] - [대칭] - [옵션] - [수직]

제1부. 프로크리에이트와 친해지기

후 다시 그리기 가이드를 활성화합니다. 이제 본격적으로 대칭을 이용한 채색을 시작해보겠습니다. 그리기 가이드가 활성화되어 있기 때문에 중심 수직축을 기준으로 한쪽에만 색을 칠해도, 양쪽 모두가 대칭으로 칠해집니다.

캐릭터 스케치하기

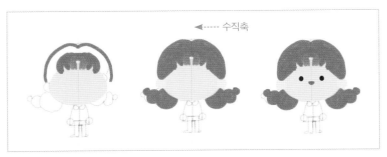

그리기 가이드 [대칭] 활성화 - 수직축 대칭으로 채색 작업이 가능

그리기 도우미가 활성화되면 레이어 이름 아래 '보조'라고 표시됨

그리기 가이드와 그리기 도우미가 잘 활성화되었는지 궁금하다면, 레이어의 이름 아래 '보조'라고 표시가 되어 있는지 확인하면 됩니다.

저는 캐릭터를 얼굴, 눈코입, 앞머리, 뒷머리 등으로 나누어 작업하기 때문에 레이어가 많은 편입니다. 만약 옷의 색상이나 무늬가 마음에 들지 않는다면, 본문 49쪽 그림처럼 옷 레이어를 터치한 다음 [조정] - [색조, 채도, 밝기]를 선택하여 원하는 옷의 색감을 찾아 변경해보세요.

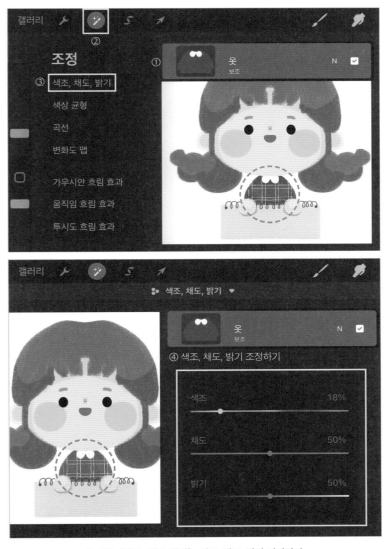

[조정] - [색조, 채도, 밝기] - 색조, 채도, 밝기 변경하기

같은 방식으로 캐릭터의 머리, 옷 등의 색조, 채도, 밝기를 손쉽게 변경할 수 있습니다.

[조정] - [색조, 채도, 밝기]를 조정한 그림 예시

이번에는 [그리기 가이드] 대칭에서 '방사상'을 사용해 그린 그림을 살펴보겠습니다.

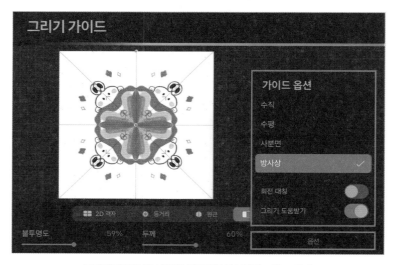

그리기 가이드 '방사상'을 사용하여 장식적인 그림 그리기

방사상의 가이드는 8등분으로 면이 나뉘어 있고, 그중 하나의 면에 그림을 그리면 나머지 부분에도 동일한 그림이 그려지는 기능입니다. 만다라 문양처럼 장식적 효과를 낼 때 효과적이지요.

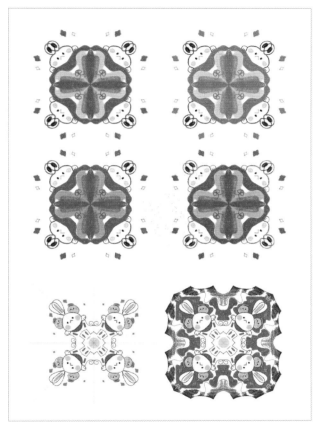

방사상을 사용하여 그린 다양한 장식적인 그림

방사상 외에도 수평, 사분면 등을 사용해 그려보세요.

자주 쓰는 색, 팔레트로 만들기

그림을 그리다 보면 내 마음에 쏙 드는 색을 발견할 때가 있습니다. 자주 사용하는 색을 매번 색상 탭에서 찾기가 어렵다면 [팔레트] 기능을 사용해보세요.

많은 사람이 프로크리에이트에서 색을 사용할 때 오른쪽 상단 맨 끝에 있는 [색상] 탭에서 [디스크] 또는 [클래식]을 활성화시켜 색을 칠합니다. 저 또한 그렇습니다. 하지만 반복적으로 자주 쓰는 특정 색을 매번 [디스크]나 [클래식]에서 찾기는 쉽지 않습니다. 이때 팔레트에 미리 색을 저장해놓고 필요할 때마다 꺼내 쓸 수 있습니다.

아래 캐릭터는 제가 평소 자주 쓰는 색들로 그린 빨간 머리 캐릭터입니다. 이 캐릭터의 주요 색상을 추출하여 팔레트를 만들어볼까요?

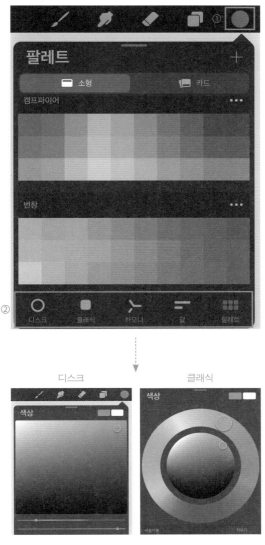

[색상] 탭 - 디스크, 클래식, 팔레트

① 원하는 색을
스포이드로 꾹 누르기

팔레트　+

소형　카드

제목 없는 팔레트　···

② 색이 선택되면
팔레트 - [소형]을 열고
비어 있는 팔레트
공간을 터치

원하는 색을 스포이드로 추출하여 팔레트에 저장하기

먼저 캐릭터에서 원하는 부분의 색을 스포이드로 추출합니다. 색을 추출하는 방법은 원하는 색상의 위치에 손가락을 대고 1~2초 꾹 누릅니다. 그리고 손을 떼면 색이 바뀝니다. 그때 [색상] 탭에서 [팔레트] - [소형]을 열고, 비어 있는 팔레트의 공간을 터치해주세요. 그럼 위의 그림과 같이 팔레트에 색이 저장됩니다.

저는 캐릭터의 얼굴색과 볼터치, 눈썹, 빨간 머리를 저장했습니다. 한 칸씩 띄운 것은 기억하기 쉽도록 일부러 가운데 칸을 비워둔 것입니다. 빈칸을 만들지 않고 다 채워도 무방합니다.

[팔레트] 하단 탭 [소형]에 저장된 색상은 [카드] 탭에서도 볼 수 있습니다. 그리고 이렇게 저장한 팔레트는 […]을 터치하여 공유하거나 복제하거나 삭제할 수 있습니다. 만약 팔레트에 색을 잘못 넣었다면 삭제하고자 하는 색을 팔레트에서 찾은 다음, 그 색을 1~2초 꾹 눌러주세요. [색상견본 삭제] 탭이 활성화되어 색을 삭제할 수 있습니다.

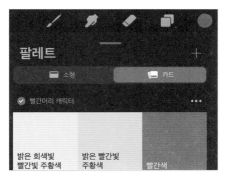

[카드] 탭에 저장된 색상 모습

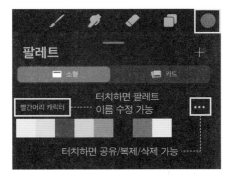

팔레트 이름 바꾸기

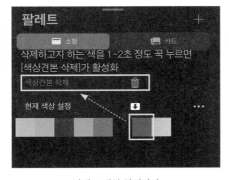

팔레트 색상 삭제하기

사진에서 색을 추출하여 팔레트에 불러오기

팔레트 기능은 편리하지만, 직접 색을 선택하고 저장해야 하는 번거로움이 있습니다. 하지만 이를 해결할 수 있는 편리한 기능이 있습니다. 바로 사진에서 색을 추출하여 팔레트로 바로 불러오는 기능입니다. 만약 여러분이 풍경 사진을 찍고, 디지털 드로잉으로 그림을 그리고 싶다면 스포이드로 하나씩 색을 추출하기보다, 한 번에 팔레트로 색을 불러오는 것이 훨씬 효율적입니다.

사진의 색을 추출하는 방법은 어렵지 않습니다. 먼저 [색상] 탭에서 [+] 버튼을 눌러 옵션을 활성화해주세요.

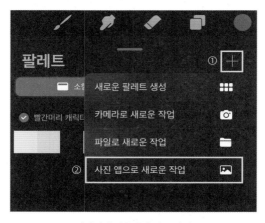

사진에서 색을 추출하는 방법

여기서 [사진 앱으로 새로운 작업]을 선택하여, 아이패드에 저장된 사진을 불러오겠습니다.

[사진 앱으로 새로운 작업] 선택 - 갤러리에서 사진 불러오기

사진을 터치하면 아래와 같이 '이미지로 생성한 팔레트'에 자동으로 해당 사진에 쓰인 색이 추출됩니다.

사진에서 추출한 색이 저장된 팔레트

이 방법을 사용하면 색을 사용할 때, 어떤 색을 사용할 것인지에 대한 고민을 조금 덜 수 있습니다. 아래 캐릭터는 해바라기 풍경 사진에서 추출한 팔레트의 주요 색상으로 채색을 다시 한 것입니다. 색만 달라져도 캐릭터의 느낌이 달라 보이지 않나요?

처음 그린 캐릭터 색   해바라기 사진에서 추출한 캐릭터 색

프로크리에이트의 여러 기능에 익숙해지면 좀 더 쉽고 편리하게 그림을 그릴 수 있습니다.

내 그림을 더 멋지게 만들어주는 텍스처 적용하기

텍스처(texture)란 물체의 표면에서 느껴지는 촉각 또는 시각적 특징을 말하는 것으로, 그림의 표면에서 느껴지는 '질감'을 뜻합니다. 같은 그림이라도 캔버스 위에 그린 그림과 종이 위에 그린 그림, 나무판 위에 그린 그림의 느낌이 모두 다르듯, 텍스처에 따라 다양한 느낌을 줄 수 있습니다. 이번 장에서는 다양한 텍스처를 레이어에 추가 및 적용하는 방법을 알아보겠습니다.

프로크리에이트 폴리오를 활용하여
내 그림에 텍스처 입히기

　내 그림에 텍스처를 추가하기 위한 가장 쉬운 방법은 이미 만들어진 텍스처 이미지를 다운받아 사용하는 것입니다. 프로크리에이트 폴리오(Procreate Folio) 홈페이지에는 많은 사용자가 공유한 다양한 텍스처들이 있습니다. 프로크리에이트 폴리오는 PC에서도 접속(folio.procreate.com)할 수 있고, 아이패드 화면에서도 접속할 수 있습니다.

　우리는 아이패드 화면에서 접속해보겠습니다. 프로크리에이트를 실행한 다음, 상단 탭의 [동작]에서 [도움말] - [Procreate Folio]를 선택하면 프로크리에이트 폴리오 홈페이지에 접속할 수 있습니다.

프로크리에이트 폴리오 접속하기: [동작] - [도움말] - [Procreate Folio]

홈페이지에 접속하면 오른쪽 상단에 로그인을 할 수 있는 탭이 있습니다. [Log in]을 클릭하면 아래 오른쪽 그림과 같이 아이디와 비밀번호를 입력하는 창이 활성화되고, 오른쪽 상단에 [Sign Up]이 보입니다. [Sign Up]을 눌러 회원가입을 해주세요. 로그인하지 않으면 다운로드가 어려운 브러시나 텍스처들이 있기 때문에 가능하면 회원가입을 하고, 로그인하는 것을 추천합니다.

프로크리에이트 폴리오 회원가입하기

[Sign Up]을 누르면, 본문 62쪽 그림과 같이 회원가입을 위해 정보를 입력하는 창이 뜹니다. 이메일, 닉네임, 이름, 성, 생년월일, 주소지, 비밀번호를 입력한 다음 맨 아래 'I have read and agree to the Terms & Conditions(나는 약관을 읽었으며, 이에 동의한다)'를 체크하고 [Next]를 클릭하면 회원가입이 됩니다.

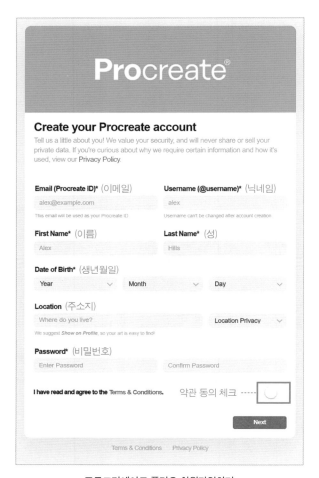

프로크리에이트 폴리오 회원가입하기

　회원가입을 했다면, 이제 로그인 후 텍스처를 다운로드해보겠습니다. 홈페이지의 상단 탭에서 [Discussions] - [Resources] 선택한 다음, 이 리소스 탭에서 [Any Tag]를 클릭하여 [Templates]로 이동해주세요.

제1부. 프로크리에이트와 친해지기

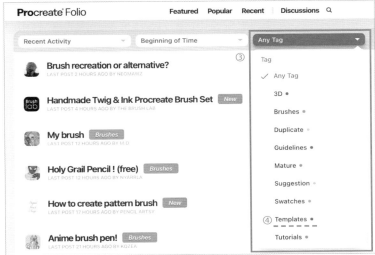

템플릿으로 이동하기: [Discussions] - [Resources] - [Any Tag] - [Templates]

이 템플릿(Temlpates) 탭에서 다양한 텍스처를 다운로드할 수 있습니다. 텍스처 사용이 처음이라면 종이, 캔버스 질감의 텍스처를 모아 업로드해놓은 '20 Free Paper & Canvas Textures' 템플릿을 다운로

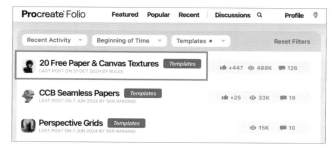

원하는 텍스처를 선택하기

드해볼까요? 템플릿을 선택하면, 해당 템플릿에 대한 설명을 볼 수 있으며, 중간 정도까지 스크롤을 내리면 다운로드 링크를 찾을 수 있습니다. 여기로 접속해서 내 아이패드에 텍스처 템플릿을 다운로드해주세요.

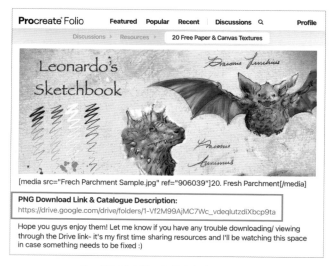

링크 접속하여 텍스처 템플릿 다운로드하기

제1부. 프로크리에이트와 친해지기

다운로드가 완료되면, 아이패드의 [파일] - [다운로드]에서 다운로드가 잘되었는지 확인해주세요.

이 템플릿의 경우 20개 텍스처가 들어 있어 용량이 크기 때문에 압축파일로 저장됩니다. 아이패드 [파일]에서 [다운로드]에 들어가 해당 파일(zip)을 찾은 다음, 가볍게 한 번 터치하면 자동으로 압축이 풀립니다. 프로크리에이트로 불러오기 위해서는 압축을 해제해야 합니다.

내 그림에 텍스처 레이어 추가하기

다운로드한 텍스처를 내 그림에 추가하기 위해서는 파일을 레이어로 불러와야 합니다. [동작] - [추가] - [파일 삽입하기]를 선택하여, 다운로드 폴더에서 원하는 텍스처를 가져옵니다. 우리는 여러 개 이미지를 모아놓은 폴더에서 텍스처를 불러오기 때문에 [파일 삽입하기]를 사용하지만, 한 장의 텍스처만 저장해 불러온다면 [동작] - [추가]에서 [사진 삽입하기]를 선택해도 됩니다.

[동작] - [추가] - [파일 삽입하기]에서 다운로드한 텍스처 불러오기

이미 그린 그림이 있는 레이어에 텍스처를 삽입하면 다음과 같이 텍스처의 크기와 레이어의 크기가 맞지 않을 수 있습니다. 그런 경우 드래그하여 캔버스에 꽉 차게 이미지를 늘리면 됩니다.

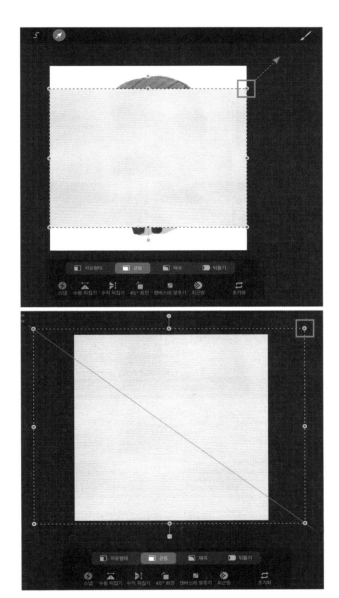

삽입한 텍스처의 비율을 늘려 캔버스 크기에 맞추기

텍스처 레이어가 추가되면 레이어의 위치를 확인해주세요. 만약 추가된 텍스처 레이어가 중간이나 아래 쪽에 있다면, 맨 위로 레이어의 순서를 변경해주세요. 그림 전체에 텍스처를 적용하기 위해서는 '텍스처 레이어'가 가장 위에 위치하며, 그 아래 '그림 레이어'가 위치해야 합니다. 재차 말씀드리지만, 레이어의 배열 순서는 정말 중요해요.

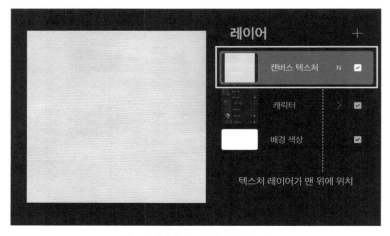

텍스처 레이어와 그림 레이어의 순서

처음에는 위 그림처럼 캔버스 텍스처에 그림이 가려집니다. 이때 캔버스 텍스처 레이어의 [N]을 누르면, 다양한 블랜딩 옵션이 활성화됩니다. 이때 [N - 보통]을 [선형 번] 또는 [곱하기] 등으로 변경해주세요. 블랜딩 옵션에 따라 텍스처의 느낌이 달라집니다. 어떤 옵션을 선택하느냐에는 정답이 없습니다. 여러분의 선택에 달렸습니다. 다양한 옵션을 선택해보고 마음에 드는 텍스처의 느낌을 선택해주세요.

저는 아래 그림처럼 [선형 번 - Lb]을 선택했습니다.

텍스처 레이어의 블랜딩 옵션 선택하기

원하는 느낌의 텍스처를 선택했다면 이제 캔버스 질감 레이어를 왼쪽으로 밀어, 활성화된 [잠금/복제/삭제] 탭에서 [잠금]을 선택해줍니다. 다시 레이어로 돌아오면 본문 70쪽 맨 아래 그림처럼 캔버스 텍스처 레이어 앞에 자물쇠가 생긴 것을 확인할 수 있습니다.

이제 원본 그림과 캔버스 텍스처 레이어가 추가된 모습을 비교해볼까요? 텍스처를 추가하는 것만으로도 느낌이 달라집니다. 그 외 흰색 페이퍼, 브라운 페이퍼 등 다양하게 추가해보세요. 본문 71쪽 아래 그림처럼 캐릭터 레이어를 하나로 병합한 다음, 그 위에 브라운 페이

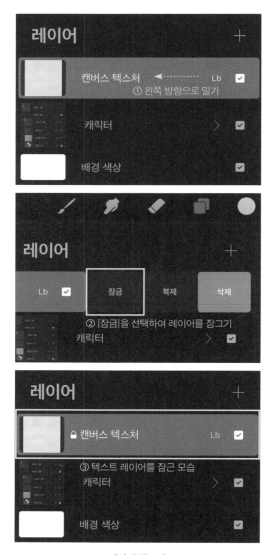

레이어 잠그기

캔버스 텍스처를 사용하기 전   캔버스 텍스처를 적용한 모습

클리핑 마스크를 사용하여 텍스처 입히기

퍼 텍스처를 삽입하고, [클리핑 마스크] 기능을 사용하면 배경은 그대
로 흰색으로 남아 있고, 캐릭터에만 텍스처를 입힐 수도 있습니다.

　　색연필, 오일 파스텔, 수채화 등 그림을 그릴 때 내가 어떤 브러시
를 사용했는지에 따라 동일한 텍스처라도 그 느낌이 다릅니다.

내가 찍은 사진으로 텍스처 추가하기

프로크리에이트 폴리오에서 다운받은 텍스처를 사용하지 않고, 내가 찍은 사진으로도 텍스처를 추가할 수 있습니다. 아래 사진처럼 집 근처를 산책하다가 발견한 돌, 벽돌, 타일 등의 사진을 찍어주세요.

주변에서 흔히 볼 수 있는 돌 사진 찍기

저는 주변의 풀까지 나오게 사진을 찍었는데, 돌의 재질이 잘 느껴지게 사진을 잘라줍니다. 그리고 프로크리에이트에서 그린 그림 위에 [동작] - [추가] - [사진 삽입하기]를 하여 내가 찍은 사진을 불러와주세요.

텍스처 사진 삽입하기

앞에서 말했듯, 내가 그린 그림보다 돌 사진의 크기가 작아도 크기를 늘릴 수 있으니 괜찮습니다. 아래 그림처럼 삽입한 사진 이미지를 맨 상단으로 배치한 다음 블랜딩 옵션을 선택해주세요.

블랜딩 옵션 설정하기

텍스처 사진을 추가하기 전과 후를 비교해볼까요?

텍스처 추가 전   텍스처 추가 후 - 블랜딩 옵션 [색상 번]

그림이 좀 더 풍부해지지 않았나요? 텍스처를 추가하고, 블랜딩 옵
션과 불투명도를 조절하는 것만으로도 다양한 느낌으로 그림을 수정
할 수 있습니다.

블랜딩 옵션 [색상]을 설정했을 때

블랜딩 옵션 [오버레이], 불투명도 53%를 설정했을 때

텍스처 적용 전후 비교 예시

간단하게 텍스처를 추가하는 것만으로도 다양한 느낌과 변화를 줄 수 있으므로, 여러분들도 꼭 한 번 활용해보길 바랍니다.

그 밖에 유용한 프로크리에이트 기능

밝은 인터페이스 사용하기

[동작] - [설정] - [밝은 인터페이스]를 선택하면 밝은 회색 톤의 인터페이스를 사용할 수 있습니다.

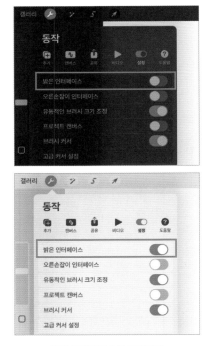

밝은 인터페이스로 변경하기

[동작] - [설정] - [제스처 제어] - [QuickMenu]

자주 사용하는 기능을 편리하게 이용할 수 있게 해주는 기능입니다. [QuickMenu 사용자화]에서 어떤 동작을 할 때 퀵메뉴가 커지게 할지를 선택합니다. 하나의 퀵메뉴당 6가지 동작을 삽입할 수 있습니다.

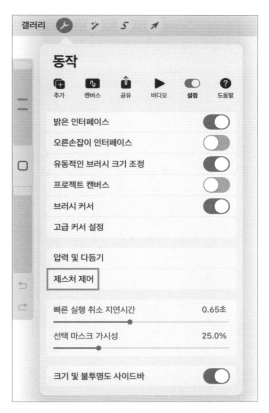

[동작] - [설정] - [제스처 제어] 선택해 퀵메뉴 열기

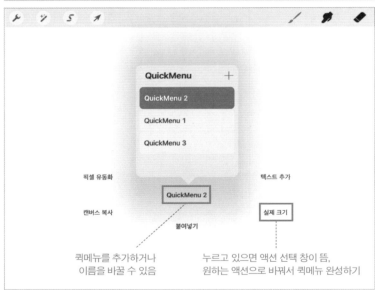

퀵메뉴 사용자화 설정하기

기본 도형 쉽게 그리는 방법: 퀵셰이프 기능

원 그리는 법

대강 원의 형태를 그린 뒤 펜을 화면에서 떼지 말고 기다리면 [타원 생성됨] 알림이 뜨고, 반듯한 선으로 이루어진 원이나 타원이 그려집니다. [○ 편집]을 통해 원은 타원으로 타원은 원으로 수정할 수 있습니다.

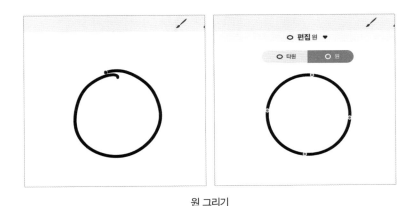

원 그리기

또는 원을 그린 펜을 화면에서 떼지 않고 다른 손가락으로 화면을 눌러도 됩니다.

사각형 그리는 법

원 그리기와 마찬가지로 사각형 형태를 그린 뒤 펜을 떼지 말고 기다려 [□ 편집] - [사각형], [직사각형]을 선택합니다.

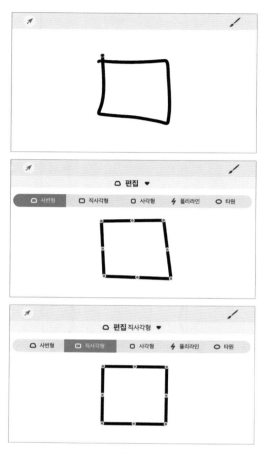

사각형 그리기

이 방법 외에도 대략적인 사각형을 그린 펜을 화면에서 떼지 않은 채 다른 손가락으로 화면을 눌러도 사각형, 직사각형을 그릴 수 있습니다. 하지만 사각형을 너무 대충 그리면 사각형으로 인식하지 못해 기능이 제대로 작동하지 않을 수 있습니다.

제1부. 프로크리에이트와 친해지기

왕초보도 도전하는 이모티콘 작가 되기

왕초보도
도전하는 이모티콘

여러분, 혹시 하루라도 이모티콘을 사용하지 않고 채팅해본 적 있나요? 아마 거의 없을 거예요. 그만큼 이모티콘은 우리의 일상적인 대화에서 빼놓을 수 없는 소중한 소통 도구가 되었죠.

우리는 매일 이모티콘으로 이야기해요. 기쁠 때도, 슬플 때도, 깜짝 놀랐을 때도, 축하할 일이 있을 때도 말로 표현하기 어려운 마음을 이모티콘 하나로 쏙 전달할 수 있답니다.

저도 여러분처럼 이모티콘을 자주 쓰는 소비자였어요. 그러다 문득 '내가 좋아하는 취미를 이모티콘으로 만들면 어떨까' 하는 생각으로 디지털 드로잉을 시작했는데 이제는 진짜 이모티콘 작가가 되었답니다.

초보자인 제가 어떻게 이모티콘 작가가 되었을까요? 이제부터 제 이야기를 들려줄게요.

이모티콘의 개념

이모티콘 작가 되기에 도전한다면, 이모티콘의 뜻부터 살펴봐야죠.

이모티콘(emoticon) = emotion(감정) + icon(조각)
온라인에서 감정을 표현할 수 있는 그림말

이모티콘은 우리가 얼굴을 마주 보지 않고 대화할 때 사용하는 특별한 그림말이에요. 말로는 표현하기 어려운 미묘한 감정도 이모티콘 하나로 척척 전달할 수 있죠. 예를 들어볼까요? 실수를 해서 미안한 마음을 전하고 싶을 때, 긴 사과의 말을 하는 대신 살짝 고개를 숙인 귀여운 이모티콘 하나로도 충분히 진심을 전할 수 있답니다.

이모티콘 시장 파악하기

이모티콘의 뜻을 이해했다면 이모티콘 플랫폼을 알아보고 각 플랫폼에 맞는 형식으로 제안해보기 위해 이모티콘 시장을 파악해야지요.

카카오 이모티콘샵

우리나라에서 가장 큰 이모티콘 시장인 카카오 이모티콘샵에 대해 알아볼까요? 카카오톡을 사용하는 분이라면 누구나 한 번쯤 카카오 이모티콘을 사용해봤을 거예요.

카카오 이모티콘샵 홈페이지

이모티콘 작가 하면 대부분의 사람이 가장 먼저 카카오 이모티콘 작가를 떠올릴 만큼 유명하고, 국내 시장에서도 1위를 차지하고 있답니다. 다만 카카오 이모티콘샵은 작가 데뷔가 쉽지 않다고 알려져 있어요.

하지만 걱정하지 마세요. 비록 처음 데뷔하는 과정은 조금 어려울 수 있지만, 한 번 작가가 되고 나면 꾸준히 수익을 낼 수 있는 좋은 기회가 된답니다. 그래서 이모티콘 작가를 꿈꾸는 분이라면 카카오 이모티콘 작가에 꼭 도전해보길 추천합니다.

라인 스토어

라인 스토어에 대해 알아볼까요? 라인 스토어는 라인 메신저에서 사용되는 이모티콘을 판매하는 곳이에요. 브라운, 코니 같은 유명한 라인 공식 캐릭터뿐만 아니라, 일반 크리에이터들이 만든 다양한 스티커와 이모티콘도 만나볼 수 있답니다.

이모티콘만 판매하는 것이 아니라는 점도 눈여겨볼 만해요. 대화

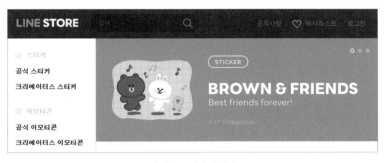

라인 스토어 홈페이지

방의 분위기를 바꿀 수 있는 배경화면도 직접 만들어 판매할 수 있죠. 이처럼 라인 스토어는 라인 캐릭터와 다양한 크리에이터 작품을 함께 즐길 수 있는 디지털 콘텐츠 플랫폼이에요.

네이버 OGQ 마켓

네이버 OGQ 마켓을 살펴볼까요? OGQ 마켓은 이모티콘은 물론이고 컬러링시트, 음원, 이미지, 스티커까지 다양하고 다채로운 디지털 콘텐츠를 만나볼 수 있는 공간이에요.

혹시 네이버 블로그를 보다가 예쁜 스티커를 본 적 있나요? 블로거들이 글 시작 부분에 넣는 귀여운 인사말 스티커나 리뷰 글에 쓰이는 멋진 스티커들이 바로 OGQ 마켓에서 판매되고 있습니다. 이곳의 스티커들은 블로그 글쓰기를 꾸미고 다채롭게 만드는 데 활용하기 좋습니다.

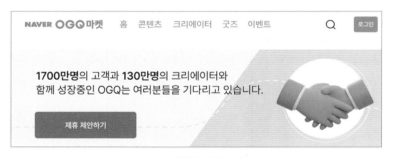

OGQ 콘텐츠 홈페이지

네이버 밴드 스티커샵

　네이버 밴드에서는 대화방의 채팅이나 댓글에 귀여운 스티커를 사용할 수 있어요. 게시물을 쓸 때도 스티커로 예쁘게 꾸밀 수 있답니다. 네이버 밴드의 특별한 점은 스티커 판매 방식이에요. 처음에는 조건형 무료 스티커로 시작해서 많은 사람에게 내 작품을 알릴 수 있고, 노출 기간이 끝난 후 작가가 원한다면 유료로 전환해 판매할 수 있답니다.

네이버 밴드 스티커샵 홈페이지

　이제 이모티콘 작가가 되는 것에 대한 흔한 오해를 풀어볼까요?

이모티콘 작가 되기에 대한 오해

이모티콘 작가가 되려면 그림을 정말 잘 그려야 하나요?

사실 전혀 그렇지 않답니다. 제 경험을 예로 들어볼게요. 저는 디지털 드로잉이 무엇인지도 모르던 초보였어요. 단지 좋아하는 취미를 이모티콘으로 만들어보고 싶다는 마음 하나로 시작했죠. 그림 실력이요? 사람을 그리라고 하면 겨우 졸라맨 정도 그릴 수 있었답니다.

물론 이모티콘 작가 중에는 뛰어난 그림 실력을 가진 분들도 있어요. 하지만 저처럼 그림이 서툴러도 기발한 아이디어로 성공한 작가도 많아요. 가장 중요한 것은 여러분의 독특한 아이디어와 도전 의지예요. 이 두 가지만 있다면, 누구나 이모티콘 작가의 꿈을 이룰수 있답니다.

이미 이모티콘을 출시한 작가의 작품만 승인된다면서요?

이모티콘은 누구나 제안할 수 있는 열린 플랫폼이에요. 재미있는 점은, 이모티콘을 제안할 때 작가의 이력이나 인지도를 적는 칸이 따로 없다는 사실이에요. 필요한 것은 오직 여러분이 만든 이모티콘의 이름과 설명뿐이랍니다. 만약 기존 작가의 작품만 승인된다면, 지금처럼 매일 새로운 작가들이 데뷔할 수 없었겠죠. 오히려 요즘은 일상생

활에서 쓸 수 있는 재치 있는 이모티콘들이 더 많은 사랑을 받고 있어요. 이모티콘에 대한 수요가 늘면서 정말 많은 분이 새로운 도전을 시작하고 있답니다. 여러분도 도전해보세요. 제안을 해봐야 승인이라는 기쁜 소식도 만날 수 있으니까요.

완전히 새롭고 독특한 이모티콘을 만들어야 하나요?

이모티콘 시장을 둘러보면, 비슷한 콘셉트와 주제를 가진 이모티콘이 참 많아요. 여러분이 생각해낸 독특한 아이디어도 검색해보면 이미 비슷한 이모티콘이 나와 있을 수 있죠. 물론 아직 아무도 생각하지 못한 특별한 콘셉트를 떠올릴 수도 있어요.

하지만 꼭 세상에 없던 새로운 아이디어로 이모티콘을 만들어낼 필요는 없답니다. 오히려 시장에서 꾸준히 사랑받는 콘셉트나, 요즘 떠오르는 트렌드에서 영감을 얻어 여러분만의 색깔을 담아보는 것도 좋은 방법이에요.

너무 시대를 앞서가면 오히려 반응을 얻기 어려울 수 있으니, 현재의 유행을 잘 반영해 더 좋은 결과를 만들어보는 것도 좋겠습니다.

이모티콘 작가에 도전하는 이유

그림 실력을 활용해 수익을 내고 싶은 경우

그림을 전공한 분들은 동물이나 사람을 캐릭터로 만드는 데 강점이 있죠. 특히 움직이는 이모티콘을 만들 때, 동작 하나하나를 자연스럽게 연결할 수 있어요. 색감 표현이나 완성도도 높고, 작업 속도도 빠르다 보니 이모티콘으로 수익을 내기에 좋은 조건을 가지고 있답니다.

그림을 전공한 해쥬 작가의 이모티콘 예시

아이패드를 구매한 경우

아이패드는 그림 그리기에 아주 좋은 도구죠. 동영상 시청이나 필기용으로 구매한 분들도 많지만, 이미 가지고 있는 아이패드를 이모티콘 작가의 도구로 활용해보면 어떨까요?

자신만의 이모티콘을 만들고 싶은 경우

제 경우에는 배드민턴을 즐기면서 친구들과 대화할 때 쓸 수 있는 이모티콘이 있으면 좋겠다고 생각했어요. 처음에는 펜타블릿과 노트북으로 시작했지만, 하나씩 완성해가는 재미가 있었답니다.

'나도 할 수 있겠다'는 생각이 들 경우

요즘 인기 있는 이모티콘 중에는 단순한 그림체도 많아요. 눈, 코, 입만 그려도 충분히 매력적인 이모티콘을 만들 수 있답니다. '나도 할 수 있겠다'는 생각이 든다면, 바로 그 감정을 믿고 도전해보세요.

이렇게 보니 이모티콘 작가가 되고 싶은 마음이 커지나요? 그렇다면 이제 다양한 이모티콘 스타일을 살펴보고, 나에게 맞는 스타일을 찾아보는 것부터 시작해볼까요?

이모티콘 스타일 살펴보기

　자신에게 맞는 이모티콘 스타일을 찾는 게 중요해요. 정교한 그림을 잘 그리는 분이라면 일러스트 느낌의 세련된 이모티콘에 도전해보세요. 캐릭터의 동작을 재미있게 표현할 수 있다면 움직이는 이모티콘도 좋은 선택이 될 수 있답니다.

　결국 이모티콘 작가로 성공하려면 자신의 그림 실력과 잘 맞는 스타일을 찾는 게 핵심이에요. 정교한 일러스트가 필요한 이모티콘이 있는가 하면, 단순하고 귀여운 그림체로도 충분한 이모티콘이 있거든요.

　여러분의 실력과 개성을 잘 살리면서도 많은 사람이 좋아할 만한 '나만의 스타일'을 찾아보세요. 이런 중간 지점을 잘 찾는 것이 이모티콘 작가가 되는 지름길이랍니다.

일러스트 스타일의 이모티콘

　일러스트 느낌의 이모티콘에는 순수한 캐릭터 이미지가 많이 쓰입니다. 캐릭터와 배경에 다양한 색감이 쓰이고 바탕선이 얇은 특징이 있습니다.

일러스트 느낌 이모티콘 예시

커플 스타일의 이모티콘

커플을 소재로 한 이모티콘은 남녀 두 가지 버전으로 작업해야 하는 번거로움이 있지만, 커플 사용자들에게 인기가 많은 콘텐츠입니다. 각 캐릭터의 말과 행동은 비슷하지만, 성별이나 스타일(어른스러운 느낌, 귀여운 느낌 등)에 따라 다르게 표현되는 것이 특징이에요.

해쮸 작가의 남친이 좋은 람냐미 이모티콘 예시

메시지를 담은 스타일의 이모티콘

메시지 위주의 이모티콘은 주로 짧은 문구나 대사와 함께 캐릭터가 포함된 형태로, 그림보다 글자가 차지하는 비중이 큽니다. 말풍선처럼 감정을 직접 표현할 수 있어서, 간단한 대화 대신 메시지 이모티콘을 주고받는 경우도 많습니다.

메시지 위주의 이모티콘 예시

3차원 스타일의 이모티콘

3차원 이모티콘은 사진을 이모티콘 콘셉트에 맞게 찍은 후 편집하여 만듭니다. 반려견, 반려묘, 유명인 등의 실제 이미지가 움직이는 이모티콘이나 멈춰 있는 이모티콘으로 탄생합니다. 유튜브에서 유명한 반려견 캐릭터도 이모티콘으로 만들어져 많은 사랑을 받고 있습니다.

B급 스타일의 이모티콘

단순한 그림체와 엉뚱한 매력을 가진 B급 캐릭터 이모티콘은 한번 호응을 얻기 시작하면 2탄, 3탄이 나올 정도로 두텁게 팬층이 형성되는 특징이 있습니다. 물론 단순해 보여도 사람들의 공감을 끌어내는 캐릭터를 창작하는 과정은 결코 쉽지 않죠. 하지만 그만큼 독특한 매력 덕분에 오래 사랑받을 수 있는 이모티콘 스타일이랍니다.

B급 캐릭터 이모티콘 예시

이모티콘 종류에 따른 특징

이번에는 이모티콘 종류에 따른 특징을 살펴볼까요? 이모티콘은 크게 멈춰 있는 이모티콘, 움직이는 이모티콘, 큰 이모티콘으로 나눌 수 있습니다. 각각 어떤 특징이 있는지 함께 알아볼게요.

멈춰 있는 이모티콘

멈춰 있는 이모티콘은 움직임이 없는 하나의 이미지로 이루어진 이모티콘이에요. 움직임이 없다고 해서 표현력이 부족한 것은 전혀 아니랍니다. 오히려 간결한 이미지 하나로도 사용자의 의도와 감정을 명확히 전달할 수 있어요. 이런 단순함이 오히려 강점이 되어 일상 대화에서 풍부한 감정 전달이 가능하답니다.

참고로 카카오 이모티콘 스튜디오에서는 멈춰 있는 이모티콘을 32개씩 한 세트로 판매하고 있어요. 움직이는 이모티콘과 비교했을 때 제안하고 검수받는 과정이 더 간단하다는 장점도 있죠.

이렇게 보니 멈춰 있는 이모티콘도 나름의 매력이 있지 않나요?

움직이는 이모티콘

움직이는 이모티콘은 짧은 애니메이션처럼 생동감 있게 움직이는 이모티콘이에요. 멈춰 있는 이모티콘과 달리 웃음이 터져 나오는 과정을 담는 등 더욱 생생한 표현이 가능해요. 이를 위해 애니메이션처럼 장면마다 그림을 따로 그려 이어 붙이는 방식으로 만든답니다. 참고로 카카오 이모티콘샵에서는 움직이는 이모티콘을 24개 한 세트로 판매하고 있어요.

큰 이모티콘

큰 이모티콘은 말 그대로 일반 이모티콘보다 훨씬 더 큰 크기로 표현되는 이모티콘이에요.

큰 이모티콘의 특별한 점은 대화창에서 눈에 확 띈다는 거예요. 대화창을 가득 채우는 큰 크기라서 여러분의 메시지를 더욱 강렬하게 전달할 수 있습니다. 또 크기가 큰 만큼 캐릭터의 표정이나 동작도 더 자세하게 표현할 수 있어요. 마치 대화창에 큰 그림을 붙여놓은 것처럼 시선을 사로잡으며, 여러분이 전하고 싶은 감정을 더욱 강하게 보여줄 수 있답니다.

이모티콘을 그리기 위한 환경 설정하기

이제 이모티콘 제작의 첫걸음을 시작해볼까요? 가장 먼저 할 일은 캐릭터를 정하는 거예요. 사람을 귀엽게 그릴지, 아니면 동물을 캐릭터로 만들지 천천히 그려보면서 결정해요. 캐릭터가 정해졌다면 앞모습, 뒷모습, 옆모습도 그려보면서 캐릭터에 생명력을 불어넣어보세요.

재미있는 건, 같은 토끼 캐릭터라도 어떻게 설정하느냐에 따라 전혀 다른 매력을 가질 수 있다는 거예요. 간단한 캐릭터로도 재치 있는 표현이 가능하다면 많은 작품을 만들어내는 작가가 될 수 있답니다. 자신감을 가지고 시작해볼까요?

이모티콘을 그리기 위한 환경 설정하기

프로크리에이터에서 캔버스 크기 설정하기

프로크리에이터 앱을 열어 화면 오른쪽 상단에 있는 [+] 표시를 클릭한 후 [파일함 모양의 아이콘]을 선택해 너비 800px, 높이 800px로 캔버스를 설정한 후 [창작] 버튼을 누릅니다(본문 16~17쪽 그림 참고).

너비 800px, 높이 800px로 캔버스를 연 모습

그리기 가이드 설정하기

[동작] 버튼을 누른 후 [캔버스]를 선택하고 [그리기 가이드]를 활성화합니다.

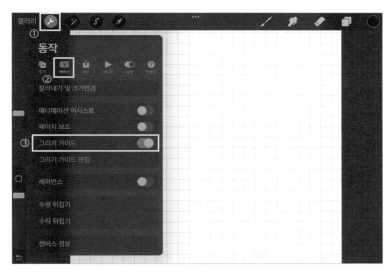

[그리기 가이드] 활성화하기

브러시 선택하기

브러시 라이브러리에서 프로크리에이터 기본 브러시 [모노라인]을 선택한 다음, 브러시 스튜디오에서 간격과 지터, 묽음 감소를 모두 [없음]으로 선택합니다.

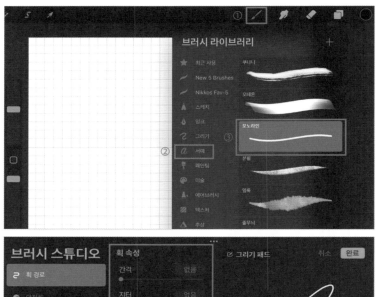

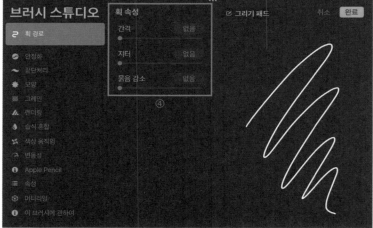

[브러시] - [서예] - [모노라인] 선택 후
브러시 스튜디오에서 획 속성 설정하기

제2부. 왕초보도 도전하는 이모티콘 작가 되기

사람 캐릭터 그리기

인물 캐릭터를 그리는 순서

인물 캐릭터를 그리기 위해서는 다음과 같은 단계를 거쳐야 합니다.

첫째, 사람의 신체 구조 살펴보기.
둘째, 신체 구조 중 단순화할 부분 정하기.
셋째, 캐릭터 그리기.
넷째, 캐릭터의 앞, 뒤, 옆 모습을 그려 시안 정하기.

사람의 신체 구조를 살펴보면 크게 두 부분으로 나눌 수 있습니다. 머리, 몸, 팔, 다리와 같이 이모티콘 캐릭터의 동작을 구성하는 부분이 있습니다. 눈썹, 눈, 코, 입, 귀와 같이 이모티콘 캐릭터의 표정을 구성하는 부분이 있습니다. 사람의 신체 구조에서 단순화하고 싶은 부분을 정하고 캐릭터를 그려줍니다. 가장 기본인 하얀색의 사람 이모티콘 캐릭터를 함께 그려보겠습니다.

가장 기본인 얼굴형부터 그립니다. 참고로 앞에서 배운 퀵셰이프 기능을 사용해, 펜슬로 동그라미를 그려준 후 잠시 정지하면 선 정리가 잘된 동그라미를 그릴 수 있습니다.

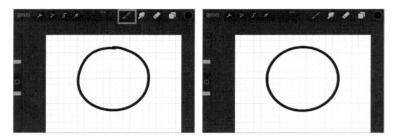

퀵셰이프 기능으로 얼굴형 그리기

기본 인물 캐릭터 그리기

    원을 그려 얼굴형을 완성했다면, 레이어를 추가하여 팔, 다리, 몸통을 이어서 그려줍니다. 얼굴형과 몸통을 다른 레이어에 그리는 이유는, 나중에 얼굴형을 기준으로 다양한 동작을 만들 때 레이어를 복사하고 붙여넣기가 편리하기 때문입니다. 이모티콘 캐릭터의 크기와 비

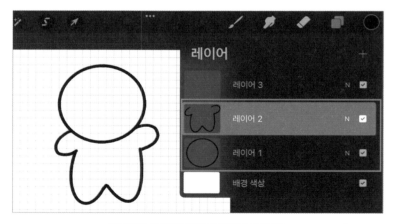

얼굴형과 몸통의 레이어를 다르게 설정하기

율을 일정하게 유지하여 전체 이모티콘에 통일감을 주려면, 기본 얼굴
형과 몸통을 각각 다른 레이어에 그리고 새로운 동작을 그릴 때마다
기존 레이어를 가이드라인 삼아 작업하는 것이 좋습니다.

기본 인물 캐릭터를 그릴 때 눈, 코, 입, 귀를 모두 그려도 좋지만
원하는 캐릭터의 방향성에 따라 이목구비를 생략하거나 단순화할 수
있습니다. 눈 모양 하나만 변해도 캐릭터 전체의 느낌이 변합니다.

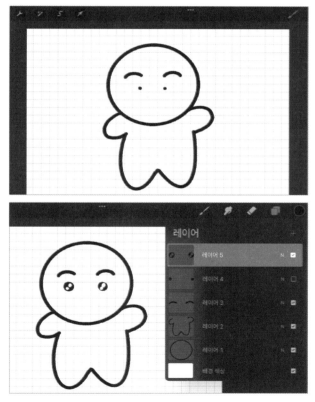

눈 모양에 따른 캐릭터의 느낌 비교

캐릭터를 기본 하얀색(#ffffff)으로 칠할 때 레이어 배경색을 다르게 하여 살펴봅니다. 이 과정을 하는 이유는 색칠을 했을 때 어느 부분이 삐져나오진 않았는지, 색칠이 덜 되지는 않았는지 확인하는 데 편하기 때문입니다.

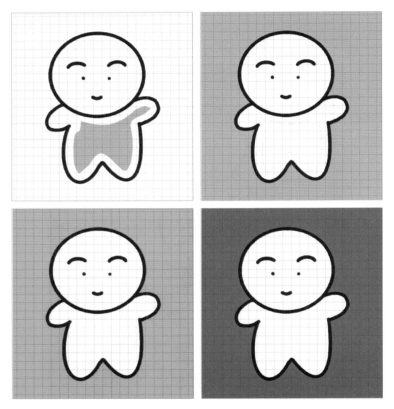

흰색으로 칠할 때 배경색을 다르게 하여 색칠이 될 된 부분 찾기

제2부. 왕초보도 도전하는 이모티콘 작가 되기

응용 인물 캐릭터 그리기

기본 캐릭터를 완성했다면, 응용 캐릭터를 연습해보겠습니다. 응용 캐릭터의 경우에는 기존 캐릭터의 레이아웃을 활용해 그리면 쉽습니다. 앞서 그린 캔버스 도안 위에 세 손가락을 활용해 아래로 쓸어내려줍니다.

복사 및 붙여넣기 창이 뜨면 [모두 복사하기]를 눌러줍니다. 이렇게 캔버스 도안을 쉽게 모두 복사하고 새로운 캔버스에 붙여넣기할 수

캔버스 도안 [모두 복사하기]

있습니다.

복사 및 붙여넣기한 레이어를 클릭하여 불투명도를 30%로 낮춰준 후 새로운 레이어를 추가해 응용 캐릭터를 그려봅시다. 기본 캐릭터가 밑바탕에 있다면 비율을 다르게 그리거나 차이점을 두고 그릴 때 간편하게 비교할 수 있습니다. 레이어 불투명도를 조정하는 방법은 다음과 같습니다.

첫째, 해당 레이어를 선택합니다.

둘째, 레이어 옵션(N)을 누릅니다.

셋째, 불투명도 옵션에서 슬라이드 옵션을 좌우로 조정합니다.

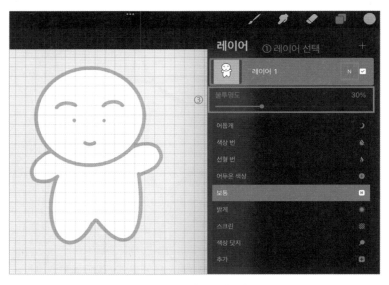

레이어 불투명도 조정하기

아래 그림처럼 기본 캐릭터를 응용하여 얼굴과 몸통이 분리되지 않은 캐릭터를 그려보았습니다. 이 경우 사람처럼 팔과 다리, 얼굴이 있지만 전체적으로 조금 더 친숙하고 귀엽게 느껴집니다. 눈썹을 생략하고 입 모양도 단순화해 무표정으로 바꾸었어요. 레이어는 앞에서와 마찬가지로, 얼굴형(머리선)과 몸통, 눈·코·입을 모두 따로 분리해 그렸습니다.

얼굴과 몸통이 분리되지 않은 캐릭터 그리기

이어서 눈, 코, 입의 배치를 조정해 마음에 드는 모습이 나올 때까지 캐릭터를 수정할 수 있습니다. 눈·코·입 레이어를 선택한 다음, 상단 메뉴에서 [이동]을 누르고, [균등] 옵션을 활성화하세요. 그런 다음 펜슬로 그림 위의 눈·코·입을 드래그해 원하는 위치로 옮기면 됩니다.

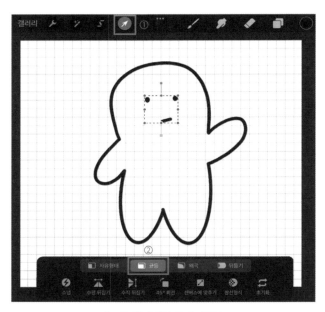

눈, 코, 입 배치를 쉽게 바꾸기

참고로 [균등]을 활성화하면 눈·코·입을 드래그할 때 크기나 비율이 자
연스럽게 유지되어 이동이 훨씬 편리해진답니다.

머리카락과 몸 색상이 추가된 커플 캐릭터 그리기

이번에는 기본 캐릭터의 머리 모양을 바꿔주어 여자 캐릭터로 바
꿔보겠습니다. 머리 스타일은 머리카락이 추가되는 형태이기 때문에
기존 얼굴형에서 턱 부분을 남깁니다. 그리고 머리 스타일은 머리카락
이 풍성해 보이도록 더 위쪽으로 추가해 그려줍니다. 몸의 색상과 머

① 기본 캐릭터를
참조해서 머리카락 그리기

② 기존 얼굴형에서 턱 부분과 몸통 따라 그리기

③ 여자 캐릭터 채색하기

기본 캐릭터로 여자 캐릭터 그리기

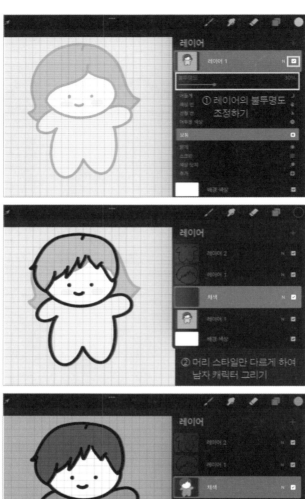

여자 캐릭터로 남자 캐릭터 만들기

리카락을 추가해주니, 귀여운 여자 캐릭터가 완성되었습니다.

커플 캐릭터를 만들 때는 색상 차이를 주거나 머리 스타일을 다르게 해서, 남녀 캐릭터를 자연스럽게 구분할 수 있습니다.

이제 남자 캐릭터를 만들어볼까요? 앞서 만든 여자 캐릭터의 레이어를 복사 및 붙여넣기한 후, 불투명도를 30%로 낮춥니다. 그 위에 새 레이어를 추가하고 여자 캐릭터를 참조해서 머리 스타일만 다르게 하여 남자 캐릭터를 그립니다. 커플인 여자 캐릭터와 통일성을 주기 위해 얼굴형과 눈, 입의 위치를 같게 그려줍니다. 동작과 크기에도 통일감을 주는 것이 중요합니다. 남자 캐릭터는 파란색으로 채색했습니다.

이런 과정을 반복하면서 기본 캐릭터를 바탕으로 다양한 응용 캐릭터를 그리는 연습을 할 수 있습니다.

이모티콘 동물 캐릭터 그리기

곰 캐릭터 그리기

이제 동물 캐릭터 이모티콘에 대해 알아볼까요? 시중에는 곰, 토끼, 고양이처럼 다양한 동물을 캐릭터화한 이모티콘이 정말 많이 있습니다. 각 동물의 특징을 귀엽게 표현한 캐릭터들이 많아서, 보는 것만으로도 기분이 좋아지곤 하죠.

특히 곰 캐릭터는 실제 곰과는 달리, 귀엽고 친근한 이미지로 자주 그려지는 재미있는 특징이 있습니다. 우리 주변에서 실제 곰을 보기는 어렵지만, 곰 인형이나 곰 캐릭터는 누구나 한 번쯤 봤을 만큼 아주 친숙하답니다. 그래서인지 강아지나 고양이처럼 곰도 사람들에게 꾸준히 사랑받는 대표적인 캐릭터 중 하나가 되었어요.

곰 캐릭터 그리기는 생각보다 어렵지 않아요. 기본 얼굴형 양쪽에 동그란 귀를 따로 그려 붙이기만 해도 금세 귀여운 곰 얼굴이 완성된답니다. 이렇게 각 동물의 특징을 조금씩 더해가면서 다양한 동물 캐릭터 그리기를 자연스럽게 연습해볼 수 있습니다.

동물 캐릭터를 그릴 때 한 가지 유용한 팁을 알려드릴게요. 기본 곰 캐릭터의 레이어를 복사해서 붙여넣기한 다음, 겉선만 살짝 변형해도 전혀 다른 느낌의 캐릭터로 바뀐답니다. 예를 들어 얼굴 윤곽을 조

기본 얼굴형 응용해서 곰 캐릭터 그리기

금 길쭉하게 바꾸거나, 귀의 크기와 위치를 조절하는 것만으로도 성격이 다른 곰 캐릭터가 완성돼요. 겉선을 깔끔하고 단정하게 정리하면 정돈된 느낌이 나고, 선을 살짝 구불구불하게 표현하면 한층 부드럽고 친근한 인상이 되죠. 이렇게 선의 스타일만 바꿔도 같은 캐릭터가 전

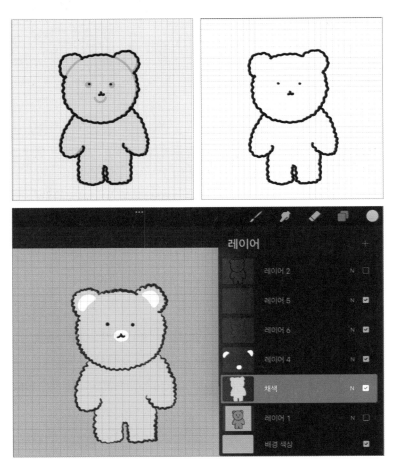

기본 곰의 겉선 변형으로 부드러운 느낌의 곰 그리기

혀 다른 분위기를 가질 수 있어요.

이제 곰 캐릭터에 색을 입혀볼까요? 보통 곰이라고 하면 갈색을 떠올리기 쉽지만, 실제로는 훨씬 다양한 색상으로 표현할 수 있습니다. 예를 들어 북극곰처럼 하얀색을 사용할 수도 있고, 작가의 개성에 따라 분홍색이나 파란색처럼 톡톡 튀는 색을 입히는 것도 재미있는 방법이에요. 색이 달라지면 캐릭터의 성격이나 감정도 함께 달라 보이기 때문에, 색을 고를 때는 어떤 분위기를 만들고 싶은지도 함께 생각해보면 좋아요.

분홍색 곰을 그린다면, 코와 귀 부분에 하얀색으로 포인트를 줘서 더욱 귀엽고 생동감 있게 표현할 수 있어요. 또 바탕선을 그릴 때 사용하는 브러시의 종류만 바꿔도 전혀 새로운 분위기의 캐릭터가 탄생한답니다. 얇고 부드러운 브러시는 섬세하고 조용한 느낌을 줄 수 있고, 굵고 거친 브러시는 에너지 넘치는 캐릭터를 표현할 때 좋아요.

이처럼 기본 캐릭터 하나에서 시작해 선의 느낌, 색의 조합, 표현 도구를 다양하게 활용하다 보면, 여러분만의 독특한 동물 캐릭터가 자연스럽게 만들어질 거예요. 꼭 정해진 정답은 없답니다. 전하고 싶은 감정이나 주제에 어울리는 캐릭터를 찾아 자유롭게 연습해보세요. 친구에게 전할 메시지를 담은 캐릭터, 오늘의 기분을 표현한 캐릭터 등 여러분의 이야기를 담은 그림이 될 수 있어요.

토끼 캐릭터 그리기

이제 토끼 캐릭터를 그리는 법을 알아볼까요? 토끼의 가장 큰 특징은 바로 귀예요. 귀가 어떤 모양이냐에 따라 토끼의 이미지가 크게 달라지기 때문에, 귀는 따로 레이어를 만들어 작업하는 게 좋답니다.

귀를 크게 그릴 수도, 작게 그릴 수도, 접힌 모양으로 그릴 수도 있어요. 각각의 모양이 주는 느낌이 다르니 여러 가지로 시도해보면서 원하는 이미지를 찾아보세요. 귀가 크면 엉뚱하고 사랑스러운 느낌을, 귀가 작거나 접히면 차분하고 귀여운 인상을 줄 수 있습니다.

볼과 귀에 포인트 색을 넣어주면 더욱 귀여운 느낌이 들고, 눈이나 입 모양을 살짝만 바꿔도 표정이 달라집니다. 웃는 토끼, 놀란 토끼, 심드렁한 토끼처럼 다양한 감정을 표현해보는 것도 재미있어요. 감정 표현이 다양해질수록 캐릭터에 생동감이 더해지고, 보는 사람도 더 친근하게 느낄 수 있습니다.

토끼를 더 귀엽게 표현하고 싶다면 비율이 중요해요. 얼굴보다 몸을 작게 그리고, 손발도 짧게 표현하면 한층 더 귀여운 토끼 캐릭터가 완성됩니다.

참고로 너무 정교하게 그리지 않아도 괜찮아요. 귀와 얼굴(머리)을 연결하는 선을 깔끔하게 정리해주지 않으면 대충 그린 것 같지만, 오히려 약간 서툴게 그린 느낌이 귀여운 매력을 더해줄 수 있답니다. 때때로 완벽하지 않은 선이나 살짝 어긋난 비율이 더 인간적인 따뜻함을 느끼게 해주기도 하니까요.

토끼의 볼에 포인트색 주기

토끼의 귀에 포인트색 주기

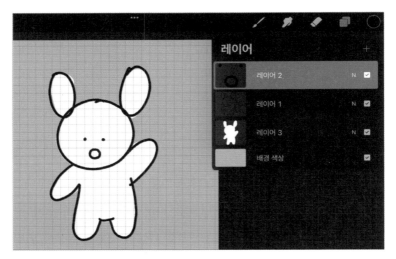

대충 그린 느낌으로 토끼 캐릭터 완성하기

이런 귀여운 매력 때문일까요? 카카오톡 이모티콘에서도 토끼는
가장 많은 사랑을 받는 동물 캐릭터 중 하나랍니다. 사랑스러운 외모
에 다양한 감정을 담을 수 있다는 점이, 토끼 캐릭터를 더욱 매력적인
존재로 만들어주는 것 같아요.

이모티콘의 감정을
이해하고 적용하기

이제 이모티콘에서 가장 중요한 감정 표현에 대해 알아볼까요? 하나의 이모티콘 세트는 다양한 감정과 상황을 표현할 수 있어야 해요. 기쁨, 슬픔은 물론 일상적인 인사까지, 여러 상황에서 사용할 수 있도록 구성하는 것이 중요하답니다.

감정마다 어울리는 표현 방법이 있어요. 슬플 때는 눈물을 그려주고, 기쁠 때는 환하게 웃는 표정을 그려주는 식이죠.

하지만 처음 시작하는 분들에게는 한 캐릭터로 여러 감정을 표현하는 것이 쉽지 않을 수 있어요. 그래도 너무 걱정하지 마세요. 다양한 감정을 표현할 수 있도록, 지금부터 캐릭터의 표정을 어떻게 바꾸어 그릴지 함께 연습해볼 거예요.

캐릭터의 기본이 되는 무표정을 그려볼까요? 기본 표정은 기쁘지도 슬프지도 않은 중립적인 상태로 그리는 게 좋아요. 무표정, 어렵게 느껴지나요? 그럴 땐 거울을 보고 연습해보세요. 거울 속 여러분의 무표정한 모습을 자세히 관찰해보면, 입꼬리는 수평이고 볼은 움직임이 없으며 눈썹은 일자로 되어 있을 거예요.

이렇게 실제 표정을 관찰하면서 그리면 더 자연스러운 캐릭터를 만들 수 있답니다. 사람 캐릭터의 무표정 표현에 익숙해지면, 동물 캐릭터로도 표현해보세요. 무표정한 기본 캐릭터가 잘 만들어지면, 여기에 다양한 감정을 더하기가 훨씬 수월해질 거예요.

무표정한 기본 표정의 캐릭터 예시

긍정적 감정 표현하기

긍정적 감정을 이모티콘으로 표현하는 법을 알아볼까요? 반가운 인사, 감사 인사, 좋아하는 마음, 사랑의 표현, 축하의 메세지처럼 다양한 긍정적 감정들이 있어요.

이런 감정들을 남녀 캐릭터를 활용해 표현해볼 텐데요. 재미있는 점은 아주 간단한 방법으로도 캐릭터를 구분할 수 있다는 거예요. 예를 들어 머리 스타일을 다르게 하거나 액세서리를 살짝 추가하는 것만으로도 충분히 다른 캐릭터처럼 보이게 할 수 있답니다.

머리스타일만으로 구분되는 남녀 캐릭터의 모습

긍정적 감정을 이모티콘으로 표현하는 방법에는 여러 가지가 있어요. 표정만으로도 충분히 감정을 전달할 수 있지만, 주변 요소들을 활용하면 훨씬 풍부하게 표현할 수 있답니다. 예를 들어 캐릭터 주변에 따스한 햇살을 그려넣거나, 반짝이는 별을 더하면 행복한 감정이 더욱

남녀 캐릭터에 짧은 메시지를 추가해 긍정적 감정 전달하기

생생하게 전달된답니다.

여기에 짧은 메시지를 더하면 금상첨화예요. "좋아요!", "감사해요 ~", "축하해!" 같은 긍정적인 말을 함께 넣어주면 이모티콘이 전하는 즐거운 마음이 더욱 잘 전달됩니다. 이렇게 표정, 배경, 메시지가 조화를 이루면, 이모티콘 하나만으로도 대화가 한층 밝고 즐거워질 거예요.

제2부. 왕초보도 도전하는 이모티콘 작가 되기

부정적 감정 표현하기

부정적 감정을 이모티콘으로 표현하는 방법을 알아볼까요? 거절, 사과, 화남, 불만 표현처럼 우리가 일상에서 마주하는 다양한 부정적 감정들이 있어요.

이런 감정들을 표현할 때는 몇 가지 효과적인 방법이 있답니다. 예를 들어 눈물을 그려넣어 슬픔이나 미안함을 표현하거나, 캐릭터 주변에 어두운 그림자를 더해 우울한 분위기를 강조할 수 있어요. "미안해요ㅠㅠ", "싫어!", "으악!" 같은 문구를 함께 넣으면 감정이 더욱 잘 전달된답니다.

부정적 감정을 담은 이모티콘도 대화에서 중요한 역할을 해요. 때로는 미안한 마음을, 때로는 거절의 의사를 부드럽지만 분명하게 표현할 수 있게 해주니까요.

눈물 등 얼굴 표정과 짧은 메시지를 추가해 부정적 감정 전달하기

감정을 동작으로 표현하는 방법을 알아볼까요? 먼저 긍정적 감정은 하트를 날리거나 신나게 응원하는 동작 등으로 표현할 수 있어요. 표정과 함께하면 이모티콘의 긍정적 메시지가 더욱 풍부해진답니다.

부정적 감정은 슬플 땐 눈물을 흘리며 주저앉거나, 화가 날 땐 뒤돌아서 분노를 표현하는 모습 등으로 나타낼 수 있어요. 이렇게 동작이 더해지면 감정을 명확히 전달할 수 있어요.

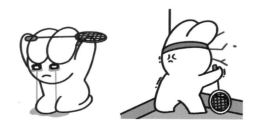

이제 멈춰 있는 이모티콘을 넘어, 움직이는 이모티콘을 만드는 방법을 알아보겠습니다.

프로크리에이트의 '애니메이션 어시스트' 기능을 활용하면 이모티콘을 쉽게 움직이게 할 수 있어요. 원리는 간단합니다. 마치 플립북처럼 여러 장면을 연속으로 빠르게 보여주면, 캐릭터가 실제로 움직이는 것처럼 보이는 거죠.

[동작] - [캔버스]에서 [애니메이션 어시스트] 기능을 켠 뒤 프레임을 하나씩 추가해줍니다. 여기서는 본문 126쪽 그림 속 토끼 캐릭터가 눈을 깜박이는 표정으로 연습해보겠습니다. 프레임을 추가하고 [설정] 버튼을 눌러 [루프] 옵션을 체크해줍니다. 그리고 초당 프레임은 [6]으로 설정하는 것이 적당합니다. 프레임 수를 높이면 이모티콘이 더 빠르게 움직입니다.

또 하나 중요한 설정은 [어니언 스킨의 불투명도] 조절이에요. 어니언 스킨은 이전 프레임을 반투명하게 보여주는 기능으로, 움직임의 흐름을 눈으로 확인하며 작업할 수 있게 도와줍니다. 불투명도를 60% 정도로 설정하면, 현재 프레임은 선명하게 보이고, 이전 프레임은 흐릿하게 겹쳐 보여서 자연스러운 움직임을 만들기에 딱 좋아요.

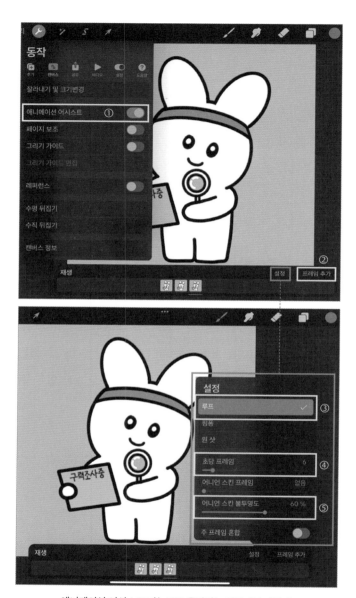

애니메이션 어시스트 기능으로 움직이는 이모티콘 만들기

눈을 깜빡이는 토끼 이모티콘 프레임 그리기

지속시간을 조절해 움직이는 이모티콘 만들기

움직이는 이모티콘을 더 효과적으로 만드는 방법을 알아볼까요? 모든 동작이 같은 속도로 움직이면, 오히려 자연스럽지 않을 수 있어요.

8개의 프레임으로 구성된 움직이는 이모티콘 예시

예를 들어 공지하는 장면을 표현할 때를 생각해봅시다. 캐릭터가 메가폰을 들고 공지를 전하는 장면이라면, 메가폰을 잡고 말하는 순간을 조금 더 길게 보여주는 것이 좋겠죠. 이럴 때 프로크리에이트의 [유지 지속시간] 기능을 활용하면 효과적이에요. 예를 들어 메가폰을 들어올리는 장면은 빠르게 지나가고, 공지를 말하는 장면은 조금 더 길게 머무르도록 조정해볼 수 있어요. 이렇게 각 장면의 재생 시간을 다르게 설정하면, 감정을 더 생생하고 자연스럽게 전달할 수 있답니다.

[프레임 옵션] - [유지 지속시간] - [없음]

[프레임 옵션] - [유지 지속시간] - [2]

카카오 이모티콘 제안하기

드디어 여러분이 정성껏 만든 이모티콘을 세상에 선보일 순간이 왔네요! 이모티콘을 판매할 수 있는 플랫폼으로는 카카오 이모티콘 스튜디오, 라인 크리에이터스 마켓, OGQ 크리에이터 스튜디오 등이 있습니다.

그중에서도 우리는 가장 큰 시장인 카카오 이모티콘 스튜디오에 도전해볼 거예요. 비록 승인 과정이 다소 까다롭긴 하지만, 그만큼 승인됐을 때의 보람은 훨씬 더 크답니다. 무엇보다도, 우리나라에서 가장 많은 사용자가 이용하는 플랫폼이니까요. 이제 여러분의 귀여운 캐릭터들을 세상에 선보일 준비를 해볼까요?

카카오 이모티콘 스튜디오 제안하기

　　카카오 이모티콘 스튜디오에 이모티콘을 제안할 때는 세 가지 형태, 즉 멈춰 있는 이모티콘, 움직이는 이모티콘, 큰 이모티콘 중 하나를 선택할 수 있어요. 형태마다 제안할 때 지켜야 할 규정이 다르기 때문에, 이를 잘 확인하고 그에 맞게 준비해야 해요. 이모티콘이 아무리 예쁘고 귀여워도 규정에 맞지 않으면 승인받기 어렵거든요.

　　이모티콘을 제안할 때는 다음의 세 가지 정보를 신중하게 작성해야 합니다. 한 번 제출하면 수정이 불가능하고, 스토어에 그대로 표시되니 특히 주의해야 해요.

　　첫째, 이모티콘 상품명입니다. 이는 여러분의 이모티콘을 대표하는 이름으로, 브랜드의 첫인상이 되는 만큼 기억에 남도록 정해보세요.

- 카카오 이모티콘 스토어에 판매될 때 이용자에게 보여줄 '이모티콘 상품명'을 입력해주세요.
- 특수 기호는 일부만 사용 가능합니다. 아래 표기된 특수 기호만 사용해주세요.
- 사용 가능 특수 기호: ! ? ~ ( ) " " ' ' : & , . #
- 상품명으로 일반명사 '이모티콘'을 사용할 수 없습니다.
- 시리즈 내 처음 출시하는 상품인 경우 숫자 표기가 불가합니다. (1탄, ver.1 등)

이모티콘 상품명 작성 가이드

둘째, 이모티콘 시리즈명입니다. 시리즈명은 캐릭터의 이름이나 콘셉트를 나타내는 제목으로 정하면 좋아요. 재미있는 점은, 한 작가가 여러 시리즈를 만들 수 있고, 각 시리즈 안에서 여러 상품을 출시할 수 있다는 거예요.

- 시리즈는 상품을 대표하는 '캐릭터 이름' 혹은 '콘셉트 타이틀'로 작성해주세요.
- 특수기호, 일반명사 사용을 지양해주세요.
- 작성된 시리즈 이름은 카카오 이모티콘 스토어에서 상품을 소개할 때 활용될 수 있습니다.
- '시리즈' 내 상품은 카카오 이모티콘이 정한 시리즈 분류 운영 정책에 의해 일부 조정될 수 있습니다.

이모티콘 시리즈명 작성 가이드

셋째, 작가명입니다. 모든 시리즈에 같은 작가명을 사용할 수 있고, 시리즈마다 다른 작가명을 정할 수도 있답니다.

- 작가명은 활동 작가명, 사업자의 경우 회사명 등으로 작성하실 수 있습니다.
- 작성해주신 '영문'은 휴대폰 언어를 '외국어'로 설정한 이용자에게 노출됩니다.
- 특수기호는 일부만 사용 가능합니다. 아래 표기된 특수기호만 사용해주세요.
- 사용 가능 특수기호: ! ? ~ ( ) ' ' : & , . ©

작가명 작성 가이드

제2부. 왕초보도 도전하는 이모티콘 작가 되기

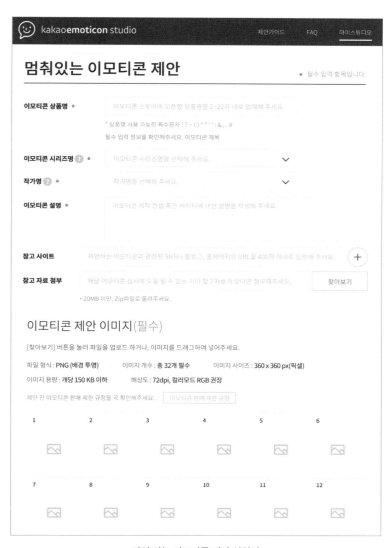

멈춰 있는 이모티콘 제안 신청서

총 32개	PNG 32개(투명배경)
사이즈	360x360픽셀
용량	개당 150KB 이하
해상도	72dpi / 컬러모드 RGB

멈춰 있는 이모티콘 제안 가이드

총 24개	PNG 21개(투명배경), GIF 3개(흰색배경)
사이즈	360x360픽셀
용량	개당 650KB 이하
해상도	72dpi / 컬러모드 RGB

움직이는 이모티콘 제안 가이드

총 16개	PNG 13개(투명배경), GIF 3개(흰색배경)
사이즈(선택)	정사각형 540x540픽셀 가로형 540x300픽셀 세로형 300x540픽셀
용량	개당 1M 이하
해상도	72dpi / 컬러모드 RGB

큰 이모티콘 제안 가이드

제2부. 왕초보도 도전하는 이모티콘 작가 되기

카카오 이모티콘 스튜디오 제안 시 주의할 점

카카오 이모티콘 스튜디오 제안 시에는 특히 저작권 침해를 주의해야 합니다. 우선 모든 상품 정보는 카카오 이모티콘 스튜디오 공지사항과 FAQ '윤리, 비즈니스, 저작권 필수 지침' 내에 안내된 '저작권, 상표권 침해 등 표절 행위' 항목을 참조하세요. 또한 모든 상품 정보에 현재 판매 중인 다른 상품과 동일한 명칭이 사용되지 않았는지 스토어에서 확인한 후 작성하길 권합니다. 그리고 마지막으로, '저작권, 상표권 침해 등 표절 행위'에 해당하지 않는 경우라도, 카카오 이모티콘 스토어에 판매 중인 다른 상품과 동일한 명칭 사용은 사용자 혼선을 방지하기 위해 지양하고 있다는 점을 기억하세요.

참고로 작가명의 경우, 작가명 또는 회사명 중 하나를 선택해 작성합니다. 작가명은 이모티콘 이름 아래에 표시되는 작가의 대표명으로 기존 작가들의 작가명과 겹치지 않도록 만들어야 합니다.

이모티콘 작가명 예시

이모티콘 설명은 200자로 제한되어 있습니다. 이때 이모티콘 제작 콘셉트를 적거나 캐릭터에 대한 설명을 적으면 됩니다. 다만, 200자 내로 이모티콘에 대한 설명을 적어야 하므로 함축적으로 쉽게 적는 것이 좋습니다. 제 경험을 이야기하자면 배드민턴 이모티콘이 출시되어야 하는 이유와 함께 배린이 캐릭터가 토끼인 이유, 머리띠를 한 까닭에 대해 간결하지만 핵심적으로 작성해서 카카오 이모티콘 심사관들이 흥미를 가질 수 있도록 했습니다.

참고 사이트는 당시 방영 중이던 배드민턴 드라마와 배드민턴 예능을 참고 사이트 URL로 첨부했습니다. 예를 들어 회사원 이모티콘 제작을 기획한다면 내가 만든 회사원 이모티콘과 관련된 드라마나 예능, 영화 소개가 적힌 URL을 첨부하면 좋겠지요.

참고 자료 첨부는 20MB 미만의 zip파일로 해야 합니다. 저는 친구들과 배드민턴에 대해 이야기를 나눈 대화 내용 캡처, 인스타그램에서 배드민턴이 언급된 해시태그들을 캡처하여 하나의 파일로 만든 후 zip 파일 형태로 제출했습니다.

> 이모티콘 제안 꿀팁: 이모티콘에 대한 이해를 돕는 자료를 첨부하고, 평소 카톡 대화창에서 많이 쓰이는 표현이라는 점을 어필하면 좋습니다.

이모티콘 제안 이미지 올리기

이모티콘을 만든 후 이모티콘 제안 이미지를 첨부합니다.

파일 첨부의 경우 [찾아보기] 버튼을 눌러 이미지를 업로드하거나, 파일에서 이미지를 드래그하여 넣을 수 있습니다.

이모티콘 제안 이미지 첨부하기

참고로, 이모티콘을 제안했다고 해서 모두가 자동으로 심사 대상에 올라가는 것은 아닙니다. 카카오에서는 심사 대상에서 제외되는 이모티콘도 있으므로 주의가 필요합니다. 예를 들어 타 브랜드 캐릭터를 무단으로 사용한 경우, 유명인의 초상권을 침해한 경우, 폭력·혐오·차별적 표현이 포함된 이모티콘은 심사에서 제외됩니다.

멈춰 있는 이모티콘 제안 후, 승인은 언제?

　이모티콘 제안 후 빠르면 일주일 정도 뒤에 카카오 이모티콘 스튜디오로부터 이메일이 도착합니다. 이때 이메일 제목은 제안번호와 함께 "[이모티콘 스튜디오] 이모티콘 제안 심사 결과를 알려드립니다"라는 문구로 옵니다. 이모티콘을 제안한 뒤에는 이메일을 계속 확인하게 되죠. 카카오 스튜디오로부터 메일이 오면, 정말 가슴이 두근두근해지는데요. 제가 실제로 받은 승인 이메일을 공개합니다.

kakao emoticon studio
승인 되었습니다.

안녕하세요.
카카오 이모티콘 스튜디오입니다.

좋은 제안 주시고, 심사가 진행되는 동안 기다려주셔서 감사합니다.

제안 주신 이모티콘 시안이 승인되었습니다.
함께 좋은 상품을 만들어나갈 수 있어 매우 기쁘게 생각합니다.
승인된 제안의 상품화는 카카오 이모티콘 스튜디오에서 진행됩니다.

상품화 시작에 앞서 별도 안내 메일이 발송되며,
신규 계약 체결이 필요한 경우 계약 담당자 통해 연락 드릴 예정입니다.
제안 시 등록하신 이메일을 통해 2주 이내 연락 드리겠습니다.

카카오 이모티콘에 대한 깊은 관심과 애정에 다시 한번 감사드립니다.
카카오 이모티콘 스튜디오 드림

제안상태	스튜디오 유형	이모티콘 제목	이모티콘 시리즈명
승인	오픈스튜디오 움직이는 이모티콘	배드민턴치는 토끼	배드민턴치는 토끼

자세히 보기

이모티콘 제안 후 받은 승인 메일

멈춰 있는 이모티콘 시안이 승인되었다면?

이모티콘이 승인되었다면, 마이스튜디오의 [제안 관리] 탭을 클릭해보세요. 내가 제안했던 이모티콘 정보를 다시 확인할 수 있고, 제안 상태가 '승인'으로 변경된 것도 확인할 수 있습니다. 이제 이모티콘 출시와 관련된 작업을 마무리해야 상품화가 될 수 있습니다.

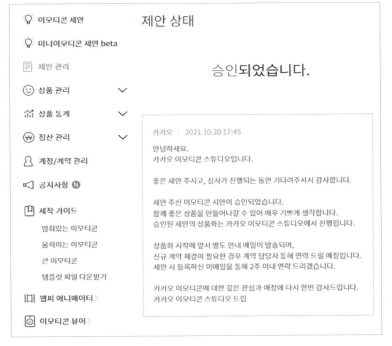

카카오 이모티콘 스튜디오의 마이스튜디오 [제안 관리] 탭 모습

가이드에 맞게 상품 제작 완료하기

멈춰 있는 이모티콘 제작 가이드에서 psd 템플릿을 다운로드해 열면 예시 이미지가 함께 제공됩니다. 샘플 가이드에 맞게 이모티콘을 정확히 제작해야 합니다. 가이드에는 파일 구성 방법, 제작 전 체크 포인트, 이모티콘 제작 가이드, 상품화 Q&A가 자세히 설명되어 있습니다.

이모티콘 psd 템플릿 다운로드하기

키보드탭 아이콘 만들기

카카오톡에는 이모티콘 탭이 있으며, 여기서 이모티콘 대표 이미지를 보여주는 작은 아이콘을 '키보드탭 아이콘'이라고 합니다. ON, OFF 이미지는 동일한 모양과 크기, 위치로 만들어야 하며, 키보드에서 작게 보인다는 점을 감안해 최대한 단순하고 크게 제작하는 것이 좋습니다. 여백 없이 꽉 차 보이도록 구성하면 작은 화면에서도 캐릭터가 또렷하게 보입니다.

키보드탭 아이콘 제작 가이드 라인

스토어 리스트 타이틀 만들기

카카오톡 앱 이모티콘 스토어의 이모티콘 목록에서 표시되는 대표 이미지를 만듭니다. 이때 32개 이모티콘 중 상품의 주제와 캐릭터가 잘 드러나는 이모티콘을 제작합니다. 스토리 리스트 타이틀, 앱 상세 타이틀, 웹 상세 타이틀의 세 가지 타이틀 이미지는 동일한 이모티콘 이미지로 사용하여 제작하는 것이 일반적입니다. 물론, 서로 다른 이미지를 사용할 수도 있지만, 이모티콘 세트에 통일된 인상을 주고 시각적인 혼선을 피하려면 가급적 동일한 이미지를 사용하는 것이 좋습니다.

스토어 리스트 타이틀 제작 가이드라인

선물(공유) 이미지 제작 가이드라인

선물(공유) 이미지 만들기

상단의 배너 영역은 자유롭게 제작할 수 있습니다. 다만 모바일에서는 이미지가 작게 보이므로, 텍스트는 크게, 이미지는 단순하게 구성하는 것이 좋습니다. 중단 섬네일 영역에는 실제 카카오톡 이모티콘 키보드에 표시될 1~16번 이모티콘 이미지(키보드 섬네일)를 가이드에 맞춰 넣어주세요. 이 섬네일들은 사용자가 이모티콘을 고를 때 작게 미리 보기로 보이게 됩니다.

주의사항

승인된 이모티콘을 상품화할 때는 심사를 통과한 이모티콘 이미지를 기준으로 제작해야 합니다. 임의로 수정하거나 변경한 이미지를 사용할 경우, 심사 결과가 롤백되거나 승인 취소 후 재제안을 요청받을 수 있으므로, 반드시 승인 이미지와 동일한 내용으로 제작해야 합니다.

또한 채팅방의 모드 설정에 따라 이모티콘이 다양한 배경 위에 표시되므로, 첨부된 색상값을 참고하여 이미지가 잘 보이는지 꼭 확인해야 합니다. 텍스트가 포함된 경우에는 흰색 아웃라인을 추가해 다크모드에서도 잘 보이도록 제작해야 하며, 카카오톡 이모티콘 뷰어에서 미리보기로 확인할 수 있습니다.

chapter

10

네이버 OGQ
도전하기

네이버 OGQ는 상대적으로 승인율이 높은 이모티콘(스티커) 플랫폼입니다. OGQ 스티커는 네이버 블로그, 카페, 네이버TV 채팅 등에서 다양하게 활용되므로, 각 상황에 어울리는 표현을 적절히 설정하는 것이 좋습니다.

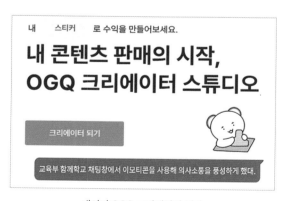

네이버 OGQ 크리에이터 되기

OGQ 콘텐츠 업로드는 콘텐츠 유형을 선택한 뒤, 해당 가이드라인에 맞게 제안하는 방식으로 진행됩니다. 콘텐츠 유형은 스티커(이모티콘), 애니메이션 스티커(애니메이션 스티커), 이미지, 음원, 컬러링시트로 나뉩니다.

여기서는 스티커 업로드를 살펴보겠습니다. 콘텐츠 유형에서 스티커를 선택하면 본문 146쪽 그림처럼 콘텐츠 업로드 페이지가 나옵니다. 스티커 정보 입력란에는 스티커의 제목과 설명(내용)을 함께 작성해야 하며, 설명은 최대 160자 이내로 작성해야 하므로 함축적으로 표현하는 것이 좋습니다. 또한 태그는 검색 시 노출을 높이는 데 도움이

네이버 OGQ 콘텐츠 유형

콘텐츠 업로드
콘텐츠 가이드 >

스티커 정보

제목 *

스티커의 제목을 입력해주세요. 0/40

내용 *

스티커를 간단하게 설명해주세요. 0/160

태그 *

태그를 3개 이상 입력해주세요.

3개 이상 20개 이하로 필수 입력해 주세요. 태그 기반으로 카테고리가 설정됩니다.

SOOP 퍼블리시티권(선택)

SOOP 스트리머의 초상권 또는 캐릭터를 활용한 경우 꼭 퍼블리시티권을 매칭해주세요.
퍼블리시티권이 매칭된 콘텐츠는 SOOP OGQ 마켓에서만 판매됩니다.
(단, 스트리머 본인이 직접 제작 또는 업로드 한 경우 타 마켓 판매 가능)

매칭하기

네이버 OGQ 콘텐츠 업로드 - 스티커 정보 입력하기

되며 스티커의 콘셉트나 특징을 드러내는 역할도 합니다.

스티커 이미지는 총 24개를 등록하며 권장 크기는 740×640px입니다. 다크모드에서 어떻게 보일지 확인하고 싶다면, [다크모드 확인] 탭을 ON/OFF로 설정해 확인할 수 있습니다.

스티커 순서는 마우스 드래그로 자유롭게 조정할 수 있으며, 이동을 잠그고 싶을 때는 [스티커 이동잠금] 탭을 활성화하면 됩니다.

메인 이미지는 대표 스티커로 사용되며 240×240px 크기로 첨부합니다. 탭 이미지는 OGQ 마켓 내 여러 탭에서 아이콘처럼 표시되는 이미지로 첨부 등록 크기는 94×74px입니다.

스티커 이미지

기본 스티커 형식 : 740x640px | 24개   다크모드 확인 ⬤   스티커 이동잠금 ⬤

1	2	3	4	5	6
7	8	9	10	11	12
13	14	15	16	17	18
19	20	21	22	23	24

스티커의 순서를 자유롭게 마우스로 이동해보세요.

메인 이미지 *

main 스티커 형식 : 240x240px | 1개   파일 첨부

탭 이미지 *

tab 스티커 형식 : 96x74px | 1개   파일 첨부

✓ 다크모드, 배경 투명 적용 등 스티커 업로드 가이드를 제대로 지켰어요.

업로드 하기

네이버 OGQ 콘텐츠 업로드 - 스티커 이미지 업로드하기

OGQ 스티커 제안 시 주의할 점

OGQ 스티커를 제안할 때는 가이드라인을 잘 지켜야 통과될 확률이 높습니다. 다음 세 가지 가이드라인을 잘 지켜서 제안해봅시다.

첫째, 다크모드 스위치를 적용해본 후 스티커가 잘 보이는지 확인합니다. 스티커의 테두리는 다크모드에서도 선명하게 구분되어야 합니다. 글씨가 포함된 경우에는 흰색 테두리 효과를 주어 다크모드에서도 잘 보이도록 조정해주세요.

다크모드에서도 글씨가 잘 보이게 테두리 효과 주기

둘째, 메인 이미지와 탭 이미지 모두 투명한 배경이 적용되었는지 확인합니다. OGQ 스티커를 제안할 때는, 배경이 투명한 상태인지, 흰색 배경이 적용되어 있지는 않은지 꼼꼼히 점검해야 합니다.

스티커 이미지 배경 점검하기

셋째, 스티커에 있는 텍스트의 가독성을 충분히 고려했는지 확인합니다. 텍스트가 스티커에 비해 너무 작거나 글씨를 알아보기 어렵다면, 더 잘 보이도록 글씨 크기를 조정해야 합니다. 또한 글씨가 잘 읽히지 않는 경우에는 보다 분명한 글씨체로 변경하는 것이 좋습니다.

스티커의 텍스트 가독성 확인하기

OGQ 스티커 심사가 반려되는 이유가 있나요?

가장 대표적인 반려 사유로 가이드라인 미준수를 들 수 있습니다. 예를 들어 지정된 파일 설정을 지키지 않았거나 파일명 뒤의 확장자만 바꿔서 업로드한 경우 등이 이에 해당합니다. 또한 스티커 글씨의 가독성이 좋지 않아도 반려될 수 있습니다. 욕설이나 폭력, 비방, 선정성, 특정 대상에 대한 혐오적 표현, 종교적·정치적 성향이 짙은 내용도 반려 사유 중 하나입니다.

하나의 세트는 통일성이 있어야 합니다. 세트 내에서 캐릭터 간 스타일이나 콘셉트의 일관성이 부족해도 반려될 수 있습니다. 또한 생성형 AI로 제작한 스티커도 반려 대상입니다. 기존 마켓에 이미 등록된 이모티콘과 유사하거나 중복되는 경우, 저작권 침해로 판단되어 상업적 사용이 불가능하며, 이 역시 반려됩니다. 마지막으로, 스티커에 글씨를 추가할 때는 폰트가 상업적 사용이 가능한지 꼭 점검해야 합니다.

OGQ 스티커를 상업적으로도 배포할 수 있나요?

네이버 OGQ는 다양한 제휴를 맺고 있어서, 상업적 목적으로 스티커를 제작해 배포하는 것도 가능합니다. 그 대표적인 예가 콘텐츠형 광고입니다. 기업이 만든 스티커를 네이버 OGQ 마켓에 무료로 출시하는 방식이에요. 이런 스티커는 네이버 블로그, 카페, 톡톡, 커뮤니티 게시글이나 댓글 등 여러 네이버 서비스에서 자유롭게 사용할 수 있습니다.

사용자에게 자연스럽게 노출되면서도 브랜드 홍보를 할 수 있기 때문에, 많은 기업과 기관들이 마케팅 효과를 기대하며 OGQ 스티커

- 네이버 블로그 게시글/댓글 (스티커, 이미지)
- 네이버 까페 게시글/댓글 (스티커, 이미지)
- 네이버 포스트 게시글/댓글 (스티커, 이미지)
- 네이버 톡톡 (스티커)
- 네이버 스포츠 라이브 (스티커)
- 네이버 게임 라운지 게시글/댓글 (스티커, 이미지)
- 네이버 치지직 커뮤니티 게시글/댓글 (스티커, 이미지)
- 네이버 웹소설 댓글 (스티커)
- 네이버 마이박스 연동 〉 굿즈 제작
- 이미지, 음원, 컬러링시트는 개인/상업 용도 구매 가능

네이버 OGQ 스티커 사용 범위

'함께 학교' 이모티콘 예시

를 무료로 배포합니다. 저의 경우, 교육부 '함께 학교'의 이모티콘 캐릭터를 OGQ 스티커 형태로 제작했습니다. 이 스티커는 현재 '함께 학교' 오픈톡에서 사용되고 있답니다.

나만의 개성 있는 캐릭터 만들기

캐릭터 제작 준비하기

'캐릭터'는 표현하고자 하는 대상을 그림으로 개성 있게 나타낸 것입니다. 개성 있는 표현을 위해 대상을 있는 그대로 그리기보다, 과장하거나 단순화하고 미화하여 형태를 변형하기도 하는데, 이런 표현 방법을 데포르메(déformer)라고 합니다. 3부에서는 이 데포르메 기법을 활용해 캐릭터를 만들어보겠습니다.

캐릭터의 종류

지금 주위를 둘러보세요. 어디에 있든 곳곳에 그려져 있는 캐릭터를 볼 수 있습니다. 2부에서 함께 그린 이모티콘도 감정을 극대화한 캐릭터의 한 종류입니다. 캐릭터 종류를 살펴보고 만들고자 하는 캐릭터의 형태를 정해봅시다.

신체 비율에 따른 캐릭터 종류

'등신'이란 캐릭터의 전체 몸길이가 머리 길이의 몇 배인지를 숫자로 표현한 신체 비율입니다. 예를 들어 2등신 캐릭터는 전신 길이가 머

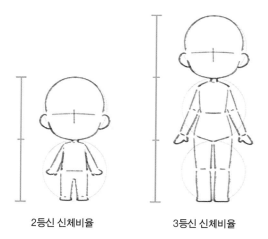

2등신 신체비율   3등신 신체비율

리 길이의 2배에 해당하고, 3등신 캐릭터는 전신 길이가 머리 길이의 3배에 해당합니다. 이처럼 머리 비중이 큰 1.5~3등신 캐릭터는 귀엽고 단순한 인상 덕분에 많은 사랑을 받고 있습니다. 물론 7~8등신에 가까운 비율의 캐릭터도 멋지지만, 3부에서는 대중적으로 선호도와 활용도가 높은 2~3등신 캐릭터를 함께 만들어보겠습니다.

사람 캐릭터와 의인화한 캐릭터

'의인화'란 사람이 아닌 것을 사람에 빗대어 표현하는 것입니다. 사람의 원래 모습으로 캐릭터를 만들 수도 있고 동물, 식물, 사물 등을 의인화하여 캐릭터로 만들 수도 있습니다.

사람 캐릭터와 고양이를 의인화한 캐릭터

제3부. 나만의 개성 있는 캐릭터 만들기

캐릭터를 만드는 과정

캐릭터를 그리기 위해 마음먹고 책상에 앉았는데 시작이 망설여지나요? 머릿속에서는 그려지는데 손끝으로 표현하기 어려운가요? 지금부터 한 단계씩 차근차근 따라 그리다 보면 어느새 나만의 개성 있는 캐릭터가 완성되어 있을 거예요. 캐릭터가 만들어지고 활용되는 과정을 단계별로 알아봅시다.

1단계: 캐릭터 연구와 아이디어 구상

다양한 책이나 영화에 등장하는 캐릭터를 살펴보세요. 캐릭터의 성격, 외모, 의상 등에서 많은 아이디어를 얻을 수 있습니다. 또한 평소 내가 좋아하던 캐릭터, 다른 작가들의 캐릭터를 연구해 도움을 받을 수 있습니다. 캐릭터의 신체 비율, 눈 크기, 손과 발 모양 등을 찬찬

히 살펴보며 영감을 얻어보세요. 이렇게 캐릭터 연구와 아이디어 구상
이 끝나면 내 캐릭터의 최종 모습을 머릿속으로 떠올려보세요. 구체적
인 이미지가 정해진 다음 스케치를 시작합니다.

2단계: 스케치

만들고자 하는 캐릭터의 성격, 외모, 특징이 정리되었다면 스케치
를 합니다. 스케치 전 간단한 도형으로 가이드를 그리면 훨씬 쉽게 스
케치할 수 있습니다. 평소에 원, 직사각형 등 도형 그리는 연습을 해두
면 좋습니다. 디지털 드로잉은 수정이 쉽고 기능이 다양해 여러 시도
를 해볼 수 있습니다.

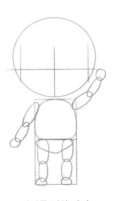
스케치를 위한 가이드

2등신 캐릭터 스케치

제3부. 나만의 개성 있는 캐릭터 만들기

3단계: 선 작업과 채색 작업

앞에서도 말했듯, 디지털 드로잉의 가장 큰 장점 중 하나는 '레이어' 기능을 활용할 수 있다는 것입니다. 스케치 레이어의 불투명도를 낮추고, 그 위에 새로운 레이어를 만들어 캐릭터의 외곽선을 그리는 선 작업을 합니다. 선 작업을 하지 않고 채색하는 방법도 있습니다. 두 가지 모두 따라 해보고, 나에게 맞는 채색 스타일을 찾아보세요.

② 스케치 레이어
③ 채색 레이어
① 가이드 레이어
선 작업 없이 채색하기
(168쪽 참고)

③ 외곽선 레이어
⑤ 채색 레이어
④ 영역 레이어
② 스케치 레이어
① 가이드 레이어
선 작업 후 채색하기
(184쪽 참고)

레이어 기능을 활용해 채색하는 방법

4단계: 수정 및 보정

프로크리에이트의 색상 균형, 픽셀 유동화 등의 기능을 이용해 보정 작업을 진행하고 마무리합니다. 이 단계를 위해 레이어는 합치지 말고 요소별로 나눠놓는 것이 좋습니다. 최종 원본은 안전하게 저장해두고 복제본으로 다양한 수정을 시도해보세요.

원본 그림

프로필 버전 수정 그림

5단계: 활용

디지털 드로잉으로 그린 캐릭터의 활용은 무궁무진합니다. 프로필 사진으로 사용할 수도 있고, 다른 사람에게 선물할 수도 있습니다. 문서에 삽입하여 풍부한 자료를 만들 수도 있고, 각종 마케팅에 활용할 수도 있습니다. 캐릭터가 잘 만들어지면 그 자체로 부수입을 얻기도 합니다. 본문 4부의 인스타툰 주인공으로 사용할 수도 있고, 5부의 굿즈 만들기에도 이용할 수 있습니다.

제3부. 나만의 개성 있는 캐릭터 만들기

캐릭터 만들기에 유용한 프로크리에이트 기능

레퍼런스: 이미지를 참조하는 방법

[동작] - [캔버스] - [레퍼런스] 기능을 활성화하면, 캐릭터의 전체 모습을 확인하며 그림을 그릴 수 있습니다. 세밀한 작업을 위해 그림 일부분을 확대하여 작업할 때, 신체 비율이나 조화를 놓치는 경우가 있습니다. 따라서 레퍼런스 기능이 활성화되었을 때 뜨는 창 하단의 메뉴 중 [캔버스]를 선택하면 도움이 됩니다.

[동작] - [캔버스] - [레퍼런스] 기능을 활성화하기

활성화된 [레퍼런스] 창에서 [캔버스] 선택하기

또, 하단 메뉴 중 [이미지]를 선택하면 사진첩 이미지를 띄워놓을 수 있고, [얼굴]을 선택하면 전면 카메라를 켤 수 있습니다. 캐릭터로 만들 인물의 사진을 참고해 그릴 경우에는 [이미지]를, 내 얼굴을 보며 캐릭터를 그리고 싶다면 [얼굴]을 선택하면 됩니다.

그림을 뒤집거나 회전하는 방법

그림을 뒤집거나 회전하고 싶은 부분을 선택한 뒤에 [변형]을 누릅니다.

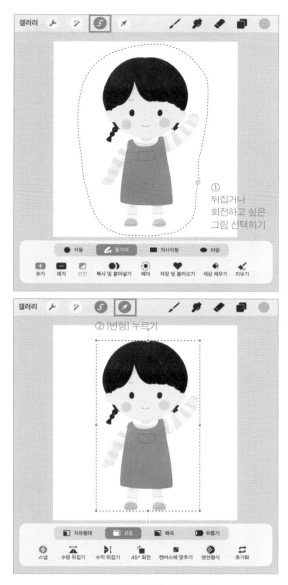

변형할 그림 선택 후 [변형] 누르기

[수평 뒤집기], [수직 뒤집기]를 눌러 그림을 뒤집을 수 있습니다.

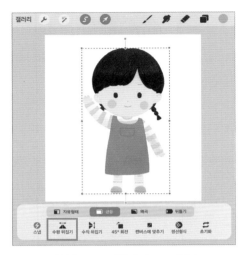

자석을 끄고 그림을 수평으로 뒤집기

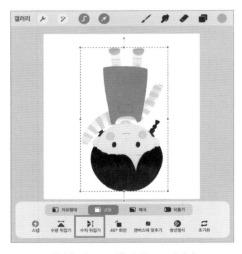

자석을 켜고 그림을 수직으로 뒤집기

그림을 회전하고 싶을 때는 선택 영역의 초록색 점을 펜으로 누른 채 좌우로 움직이면 됩니다. 이때 [스냅] - [자석]을 끄면 자유롭게 회전할 수 있고, [스냅] - [자석]을 켜면 15도씩 회전할 수 있습니다.

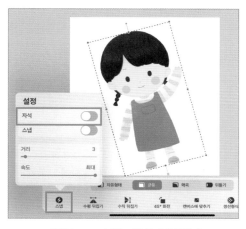

자석을 끄고 그림을 자유롭게 회전하기

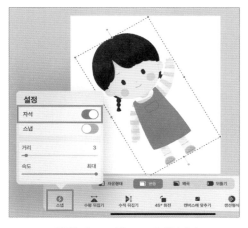

자석을 켜고 그림을 15도씩 회전하기

픽셀 유동화: 그림의 특정 부분을 왜곡하거나 변형하는 방법

픽셀 유동화 기능은 그림의 특정 부분을 왜곡하거나 변형하는 데 사용합니다. 이 기능을 사용하면 이미지의 픽셀을 유체처럼 부드럽게 이동시킬 수 있어, 그림 형태를 조정하거나 왜곡 효과를 적용하는 것이 가능합니다. [조정] - [픽셀 유동화] - [밀기]를 선택하고 펜으로 밀면 선택한 압력, 왜곡, 탄력 정도에 따라 그림이 밀립니다.

[조정] - [픽셀 유동화]

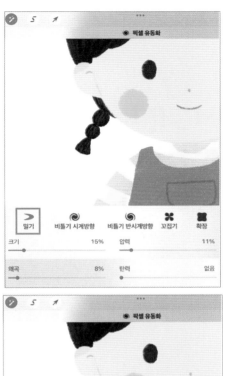

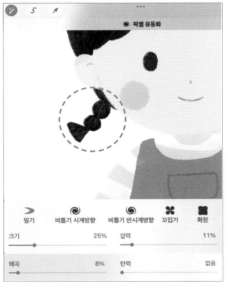

픽셀 유동화로 [밀기] 기능 살펴보기

chapter 12

2등신 기본
캐릭터 만들기

이제 남자아이 캐릭터를 만들어봅시다. 외곽선을 그리지 않고, 색연필 느낌을 살린 2등신 비율의 남자아이 캐릭터를 그릴 텐데요. 여러 가지 도형으로 스케치 가이드를 그린 다음, 채색 레이어를 만들어 캐릭터를 완성해보겠습니다. 3부에서는 밝은 인터페이스를 사용하겠습니다(76쪽).

제3부. 나만의 개성 있는 캐릭터 만들기

● 브러시: [브러시 라이브러리] - [스케치] - [6B 연필]
　　　　[브러시 라이브러리] - [스케치] - [나린더 연필]

① 6B 연필 스케치를 위한 가이드를 그립니다. 먼저 원을 그립니다.

② 원을 복제해 아래에 붙이고, 불투명도를 30% 정도로 낮춥니다. (106쪽)

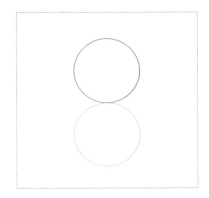

③ 새 레이어를 만들고 아래 원의 지름 높이로 직사각형을 그립니다. **직사각형**을 그린 후 아래 원 레이어는 삭제합니다.

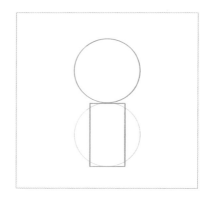

④ 원의 중심을 지나는 **세로 기준선**, 원의 중심보다 약간 아래를 지나는 가로 기준선을 그립니다.

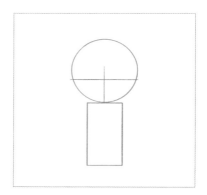

⑤ 원의 좌우 안쪽에 **얼굴 기준선**을 그립니다.

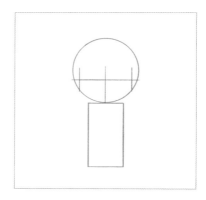

제3부. 나만의 개성 있는 캐릭터 만들기

⑥ 직사각형을 반으로 나누고, 모서리가 둥근 **사다리꼴** 형태의 몸통을 그립니다.

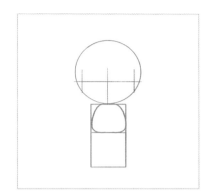

⑦ 몸통 아래에 **역삼각형**을 그립니다.

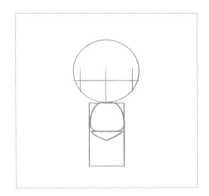

⑧ 팔과 다리의 뼈대를 그립니다. 두 팔과 두 다리 길이가 같도록 주의합니다.

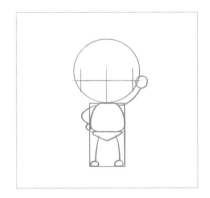

⑨ 가이드 레이어를 모두 병합하고 불투명도를 20~30%로 낮춥니다.

⑩ 나린더 연필 가로 기준선과 얼굴 기준선이 만나는 점, 세로 기준선과 원이 만나는 점 3개를 자연스럽게 연결하여 얼굴 외곽선을 그립니다. 대칭 기능을 이용해도 좋습니다. (46쪽)

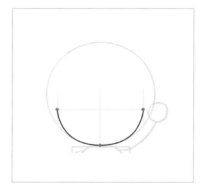

⑪ 가로 기준선 아래에 **눈**과 **귀**를, 기준선 위에 **눈썹**을 그립니다.

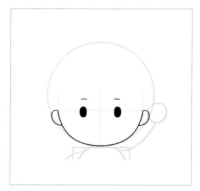

제3부. 나만의 개성 있는 캐릭터 만들기

⑫ 세로 기준선 위에 **코**와 **입**을 그립니다. 코는 생략해도 됩니다.

⑬ 가이드 선 위로 **머리 윗부분**을 그립니다.

머리 윗부분이 너무 동그랗게 표현되면 어색해 보입니다. 살짝 아래로 눌린 것처럼 그려봅시다. 가이드를 따라 동그랗게 그린 뒤 픽셀 유동화 기능을 이용해도 됩니다. (166쪽)

 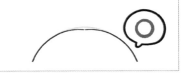

⑭ **앞머리**를 그립니다.

긴 머리 그리기

어깨 앞으로 흘러내린 머리카락은 몸 앞쪽에(파란 부분), 흘러내린 뒤쪽 머리카락은 몸 뒤쪽에(빨간 부분) 위치합니다. 이 경우 몸 앞쪽 머리카락과 뒤쪽의 머리카락 레이어를 나누어 그려야 합니다. '앞쪽 머리카락 레이어 - 몸통 - 뒤쪽 머리카락 레이어' 순서로 레이어의 위치를 조절합니다.

⑮ 팔다리 뼈대에 살을 붙이며 옷을 그립니다.

제3부. 나만의 개성 있는 캐릭터 만들기

⑯ 가이드 레이어를 보이지 않게 하거나 삭제합니다.

⑰ 어색한 부분을 수정하고, 겹치는 부분을 지웁니다. 옷의 장식, 손가락 등 디테일도 추가합니다. 스케치 완성!

여러 가지 동작 그리기
뼈대를 움직이고 구부려 여러 가지 동작을 그려봅시다. 얼굴을 회전할 때는 평평한 '원'이 아닌 공 모양의 '구'라고 생각하고 기준선을 그려주세요.

선 작업 없이 채색하기

● 브러시: [브러시 라이브러리] - [잉크] - [스튜디오 펜]
　　　　[브러시 라이브러리] - [스케치] - [6B 연필]
　　　　[브러시 라이브러리] - [서예] - [얼룩]

---

① 스케치 레이어의 불투명
도를 30% 이하로 낮춥니다. 그
리고 그 아래에 새 레이어를 만
듭니다.

② [스튜디오 펜] **피부** 부분
테두리를 그립니다.

③ **ColorDrop**(컬러 드롭) 기능으로 색을 채웁니다.

④ 6B 연필 **테두리**를 한 번 더 그립니다.

⑤ 피부 부분 레이어를 [알파 채널 잠금] 합니다.

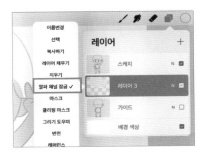

⑥ 얼룩 볼, 귀, 손끝, 머리카락과 닿는 부분 등에 **포인트 채색**을 합니다. (얼룩 - 불투명도 50%)

⑦ 6B 연필 **눈, 코, 입** 등을 한 번 더 그립니다.

⑧ 스튜디오 펜 **머리**를 색칠합니다. 테두리를 먼저 그리고 컬러 드롭으로 채웁니다.

⑨ 6B 연필 **테두리**를 한 번 더 그립니다.

⑩ 머리 채색 레이어 위에 새 레이어를 만들어 [클리핑 마스 크]를 설정한 뒤 **머릿결**을 그립 니다.

⑪ 같은 방법으로 몸과 의상 부분도 채색한 뒤 **그림자**를 표현합 니다. 그림자는 빛을 받지 못하는 부분에 생기므로, 먼저 빛의 방향을 정한 후 표현해야 합니다.

비슷한 색상으로 그림자 표현하는 법

1 그림자를 표현할 레이어 위에 새 레이어를 만듭니다. 여러 레이어에 한 번에 그림자를 넣고 싶다면 레이어를 합치면 됩니다. 레이어를 합치기 전, 각 레이어를 복제해 백업해둔 뒤 보이지 않게 두는 방법도 있습니다.

2 새 레이어를 눌러 [클리핑 마스크]를 선택합니다.

3 채색할 부분보다 명도가 조금 낮은 색을 선택합니다.

4 그림자를 표현합니다. 그림자를 너무 작고 세밀하게 표현하지 말고, 큰 덩어리로 느껴질 수 있게 색칠합니다.

클리핑 마스크로 그림자 표현하는 법

[1] 그림자를 표현할 레이어 위에 새 레이어를 만듭니다.

[2] 새 레이어를 눌러 [클리핑 마스크]를 설정하고, 레이어 혼합 속성을 [곱하기]로 바꿉니다. 곱하기 속성의 레이어에 칠한 색은 아래 레이어의 색과 곱해져, 원래보다 더 어두운 색조로 표현되므로 그림자 표현에 유용합니다. 또한 아래 레이어에 다양한 색이 섞여 있어도, 색상을 매번 바꾸지 않고 곱하기 레이어 하나로 자연스럽고 유기적인 그림자 표현을 할 수 있습니다.

[3] 채색할 부분과 비슷한 색조의 색상을 고릅니다. 어렵게 느껴진다면 회색을 선택합니다. [클리핑 마스크] 설정이 된 레이어를 하나 더 만들어 다른 색조의 그림자를 나눠서 표현해도 됩니다.

4 그림자를 표현합니다.

⑫ 머리에 **하이라이트**를 표현 합니다. 새 레이어에 (6B 연필) 흰색으로 그린 뒤 레이어 투명도 를 낮춰보세요!

제3부. 나만의 개성 있는 캐릭터 만들기

⑬ 얼굴과 귀, 손가락 등 요소가 겹치는 부위에 **테두리**를 그려줍니다.

⑭ 스케치 레이어를 보이지 않게 끕니다.

⑮ 옷의 **디테일**을 추가하고, 어색한 부분을 수정합니다. 채색 완성!

3등신 기본
캐릭터 만들기

　　이번에는 3등신 비율의 여성 캐릭터를 만들어봅시다. 스케치 위에 깔끔한 외곽선을 그리고, 그 아래에 채색 레이어를 만들어 완성합니다. 채색 방법은 다양하지만, 이 장에서는 '채색 영역'을 지정해 색칠하는 방법을 소개하겠습니다. 이 방법은 처음에 영역 지정만 신경 쓰면, 이후에는 색이 외곽선 밖으로 나가는 것을 걱정하지 않아도 되어 편리합니다. 채색을 마친 뒤에는 특정 부분의 색조를 바꿔보는 것도 배워보겠습니다.

3등신 캐릭터 스케치하기

● 브러시: [브러시 라이브러리] - [스케치] - [6B 연필]

① **6B 연필** 2등신 캐릭터와 같이 **얼굴 가이드**를 그립니다.

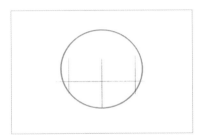

② 원을 2개 복제해 아래에 붙이고, 불투명도를 30% 정도로 낮춥니다.

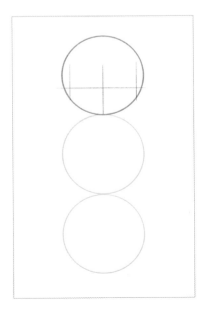

③ 아래가 넓은 육각형 형태로 몸통 가이드를 그립니다.

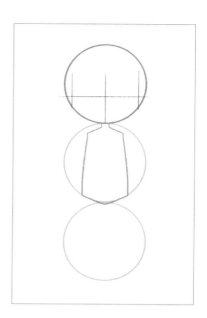

④ 몸통 중심선을 그립니다.

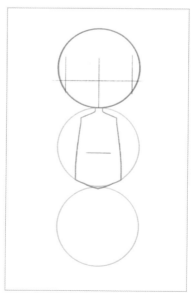

제3부. 나만의 개성 있는 캐릭터 만들기

⑤ 여성 캐릭터이기 때문에 몸통 위아래와 중심선을 이어 허리를 표현합니다.

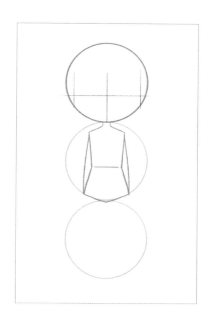

⑥ 모서리가 둥근 직사각형 세 덩어리로 다리와 발 가이드를 그립니다. 무릎, 발목에는 원을 그려 관절을 표현합니다.

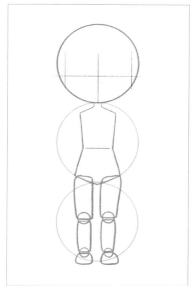

⑦ 모서리가 둥근 직사각형
세 덩어리로 팔과 손 가이드를
그립니다. 어깨, 팔꿈치, 손목
에는 원을 그려 관절을 표현합
니다.

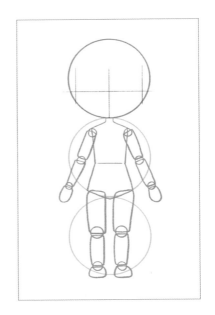

⑧ 가이드 레이어의 불투명
도를 낮춥니다.

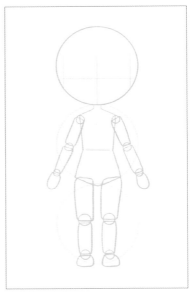

제3부. 나만의 개성 있는 캐릭터 만들기

팔과 다리 길이는 항상 같게 그리기

양쪽 팔과 다리 길이를 맞춰 그리기가 어렵다면 [복제] - [수평 뒤집기]
(164쪽)를 이용합니다.

  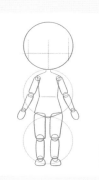

⑨ 2등신 캐릭터와 같이 얼굴 외곽선, 귀, 눈썹, 눈, 코, 입 등을 그립니다.

⑩ 머리 윗부분과 앞머리를 그리고, 새로운 레이어에 뒷머리를 그립니다.

⑪ 옷과 손, 발을 그립니다.

⑫ 가이드 레이어를 보이지 않게 하거나 삭제한 뒤 디테일을 추가합니다.

제3부. 나만의 개성 있는 캐릭터 만들기

외곽선 작업하기

● 브러시: [브러시 라이브러리] - [잉크] - [스튜디오 펜]

① 불투명도를 30% 이하로 낮춘 스케치 레이어 위에 **외곽선 레이어**(오른쪽 그림에서 레이어 2)를 만듭니다.

② 스튜디오 펜 깔끔하게 선 작업을 하고 스케치 레이어를 보이지 않게 끕니다.

빛의 방향을 생각하며 채색하기

● 브러시: [브러시 라이브러리] - [잉크] - [스튜디오 펜]
　　　　 [브러시 라이브러리] - [잉크] - [틴더박스]

① 스튜디오 펜 외곽선 레이어 아래에 **채색 영역 레이어**
(오른쪽 그림에서 레이어 3)를 만듭니다.

② 채색 영역 레이어에 색을 입힐 모든 영역을 칠합니다. 어떤 색이든 좋습니다.

③ 채색 영역 레이어의 옵션
에서 **[선택]**을 누릅니다.

④ **채색 영역이 [선택]된 상
태에서,** 외곽선 레이어 아래이
자 채색 영역 레이어 위에 **새로
운 채색 레이어**(오른쪽 그림에서
레이어 4)를 만들어 **색을 칠합니
다.** 이 방법을 사용하면 테두리
밖으로 색이 삐져나갈 걱정 없
이 편하게 채색할 수 있습니다.

⑤ **피부** 영역을 칠합니다.

⑥ 틴더박스 **뺨**을 붉게 표
현해보겠습니다.

제3부. 나만의 개성 있는 캐릭터 만들기

⑦ 눈의 흰 부분과 **하이라이트**를 표현합니다.

⑧ 채색 영역 레이어가 [선택]된 채로 새 레이어에서 **머리카락**을 칠합니다.

⑨ 채색 영역 레이어가 [선택]
된 채로 새 레이어에서 옷을 칠
합니다.

⑩ 2등신 캐릭터와 마찬가지
로 새 레이어에 [클리핑 마스크]
를 설정한 뒤, 레이어 속성을 [곱
하기]로 바꾸어 명암을 표현합
니다.

제3부. 나만의 개성 있는 캐릭터 만들기

그림자가 생기는 이유를 생각하며 명암 표현하기

그림자는 물체가 빛을 가로막을 때 생기는 어두운 영역입니다. 기본적으로 빛은 직선으로 이동하기 때문에, 물체가 빛을 가로막은 부분 뒤쪽에 그림자가 생깁니다.

따라서 그림에서 명암을 표현하기 위해 가장 먼저 해야 할 일은 광원의 위치와 빛의 방향을 정하는 것입니다. 그 후 빛이 닿아 밝아질 부분과 빛이 닿지 않아 어두워질 부분을 확인한 뒤, 하이라이트와 그림자를 표현해줍니다. 2~3등신 캐릭터는 데포르메가 많이 적용된 그림이므로, 명암 표현도 단순하게 하는 것이 좋습니다. 얼굴 부분에는 그림자를 아예 생략하기도 합니다.

⑪ **외곽선 레이어**를 [알파 채널 잠금] 합니다.

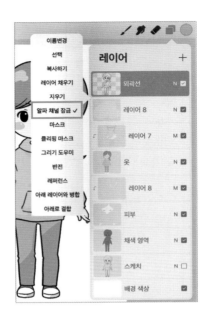

⑫ **외곽선의 색을 바꿔줍니다.** 채색된 부분과 비슷한 색을 선택합니다. 특히 빛을 많이 받는 부분에는 밝은색을 선택합니다.

⑬ 옷의 주름, 바지 주머니 등 **옷의 디테일**을 표현합니다.

⑭ 옷 부분의 **색조**를 바꿔봅니다. (200쪽)

프로크리에이트 조정 기능으로 그림 후보 정하기

색조 바꾸기

색조를 바꾸고 싶은 부분을 올가미 도구로 선택합니다. 그 뒤 [조정] - [색조, 채도, 밝기]를 선택합니다.

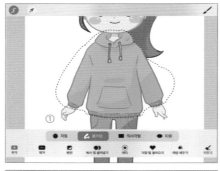

색조를 바꾸고 싶은 부분 올가미로 지정 - [조정] - [색조, 채도, 밝기]를 선택

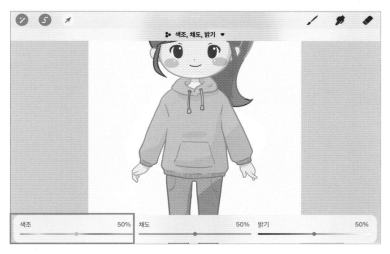

색조 슬라이드바 조정

색조 슬라이드바를 조정하며 원하는 색조로 바꿔봅시다. 본문 200 쪽 그림처럼 올가미로 선택된 상태에서 레이어만 바꿔 선택해 다른 부분의 색조도 바꿀 수 있습니다. 이 방법으로 외곽선 레이어의 색조도 바꿔봅시다.

색조 50%일 때

색조 25%일 때

그 밖의 조정 기능

프로크리에이트의 다양한 [조정] 기능을 선택해 각 그림이 어떻게 변하는지 확인해봅시다.

프로크리에이트의 다양한 [조정] 기능 메뉴

가우시안 흐림 효과	움직임 흐림 효과	투시도 흐림 효과
노이즈 효과	빛산란	글리치
하프톤(전체 색상)	하프톤(신문)	색수차

캐릭터를 더
개성 있게 표현하기

캐릭터의 얼굴형과 이목구비, 손과 발 모양 등을 개성 있게 표현하다 보면 나만의 그림체가 완성됩니다. 지금까지 그린 기본형 캐릭터의 각 요소에 변화를 주어 나만의 캐릭터를 완성해봅시다.

얼굴형

볼을 볼록하게 그리면 어리고 귀여운 느낌을, 얼굴을 세로로 길게 그리면 성숙하고 세련된 느낌을 줄 수 있습니다. 턱을 뾰족하게 그릴 때는, 얼굴이 과하게 길어지지 않도록 비율과 각도를 조절해야 합니다.

다양한 얼굴형 예시

눈

눈은 캐릭터의 개성을 가장 잘 드러내는 요소입니다. 단, 개성을 살리더라도 양쪽 눈동자의 크기와 아이라인의 길이를 같게, 정면에서 바라봤을 때 코를 기준으로 대칭되게 그려야 합니다.

대칭 위치의 눈 예시

코와 입

2~3등신 캐릭터를 그릴 때는
코는 작게 그리거나 생략하는 경
우가 많고, 그림자만으로 표현하
기도 합니다. 보통은 얼굴의 세
로 중심선에 위치시키지만 그림
체에 개성을 더하고 싶다면 중심
선에서 벗어나도 괜찮습니다.

다양한 모양의 코와 입 예시

귀

귀는 크기나 굴곡을 다양하
게 표현해보세요. 귀 끝을 뾰족
하게 그려 요정처럼 표현할 수도
있습니다. 단, 양쪽 귀의 크기와
높이는 같게 그려야 하는 점에
유의하세요.

다양한 크기의 귀 예시

제3부. 나만의 개성 있는 캐릭터 만들기

신체에 개성 더하기

몸통과 팔다리

몸통은 삼각형, 사각형, 오각형 도형을 떠올리며 그립니다. 팔다리 끝부분을 축소하거나 확장할 수 있고, 둥그스름하거나 각진 형태로 그릴 수도 있습니다. 팔다리 길이와 신체 비율을 조절하며 신체에 개성을 더해봅시다.

다양한 형태의 몸통과 팔다리 예시

다양한 형태의 신체 가이드 예시

손

2~3등신 캐릭터의 손은 실제 손보다 손가락을 짧게 그려야 합니다. 손가락이 시작하는 위치와, 끝나는 위치를 가이드로 그려놓으면, 어색하지 않게 손을 완성할 수 있습니다.

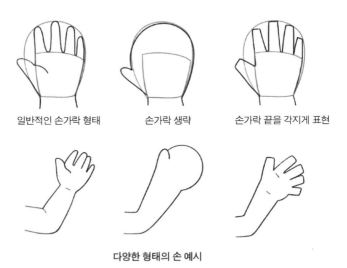

일반적인 손가락 형태   손가락 생략   손가락 끝을 각지게 표현

다양한 형태의 손 예시

제3부. 나만의 개성 있는 캐릭터 만들기

발

원통형 다리, 넓어지는 다리, 좁아지는 다리에 따른 발 모양을 살펴보고, 신발을 신은 모습까지 그려봅시다.

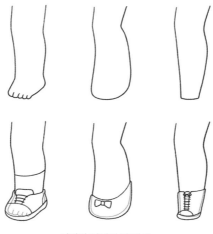

다양한 형태의 발 예시

동물로 표현하기

동물을 의인화한 캐릭터에는 귀, 꼬리, 코, 수염 등 요소가 추가됩니다. 동물을 의인화할 때는 캐릭터에 얼마나 사람의 특징을 반영할지 먼저 결정한 후 그려봅시다.

동물의 요소가 추가된 캐릭터 예시

제3부. 나만의 개성 있는 캐릭터 만들기

내가 만든 캐릭터 저작권 등록하기

나만의 캐릭터를 만들었다면 이제 한국저작권위원회에 저작권 등록을 해봅시다! 준비물은 캐릭터의 턴어라운드 그림(정면, 측면, 후면), 캐릭터 이름과 설명, 저작권 수수료와 등록세(2025년 5월 기준 23,600원)입니다. 저작권 등록으로 내 캐릭터의 진정한 주인이 되어보세요.

캐릭터의 정면, 측면, 후면 그리기

먼저 캐릭터의 턴어라운드 그림, 즉 캐릭터의 정면, 측면, 후면 그림을 준비해보겠습니다. 프로크리에이트를 열어 너비가 4500px, 높이가 2100px인 캔버스를 만듭니다.

너비 4500px, 높이 2100px 캔버스를 만든 모습

캔버스를 만들었다면, [동작] - [사진 삽입하기]로 미리 그려놓은 캐릭터 정면을 삽입합니다.

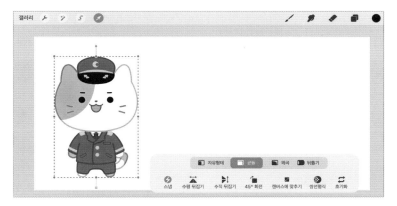

캔버스에 미리 그려둔 캐릭터 정면 그림을 불러온 모습

이제, [동작] - [그리기 가이드]로 그리기 가이드를 켠 뒤 [그리기 가이드 편집]으로 2D 격자를 사용합니다.

[그리기 가이드 편집]으로 2D 격자를 사용한 모습

이어서, 새 레이어를 만들고 [그리기 도우미]를 선택합니다. 그리기 도우미가 활성화된 상태에서 정면 캐릭터의 주요 부위를 지나는 가로선을 그립니다.

정면 캐릭터의 주요 부위를 지나는 가로선 그리기

가로선 레이어의 불투명도를 낮추고, 새 레이어를 만듭니다. 가로선에 각 부위를 위치시키며 측면, 후면 스케치를 그립니다.

가로 기준선에 맞추어 캐릭터의 측면, 후면 스케치하기

스케치가 끝나면 외곽선을 그리고, 채색을 합니다.

측면, 후면 캐릭터를 채색한 모습

끝으로, [동작] - [공유] - [이미지공유, PNG]로 한 번에 저장한 뒤 정면, 측면, 후면 캐릭터를 잘라내 각각 저장합니다.

캐릭터 정면   캐릭터 측면   캐릭터 후면

한국저작권위원회에 캐릭터 등록하기

캐릭터의 턴어라운드 그림이 준비되었다면 본격적으로 저작권 등록을 해보겠습니다. 먼저, 한국저작권위원회 누리집(www.cros.or.kr)에 들어가 회원가입을 한 후, [일반저작물 등록]으로 들어갑니다.

한국저작권위원회 누리집 홈페이지 - [일반저작물 등록] 선택

제3부. 나만의 개성 있는 캐릭터 만들기

등록신청 페이지가 나오면, [온라인 등록신청]을 누르고 본인인증 후 신청인(동록권리자) 인적 사항을 입력하고 [다음]을 클릭합니다.

등록신청 본인인증과 신청인 인적사항 입력하기

저작권 등록 신청명세서 화면이 나오면, 저작물과 등록사항을 입력해야 합니다. 저작물 항목에는 캐릭터의 이름(제호)과 종류(미술저작물, 응용미술, 캐릭터) 그리고 캐릭터의 형태나 특징 등을 설명하는 내용을 작성하고 선택합니다.

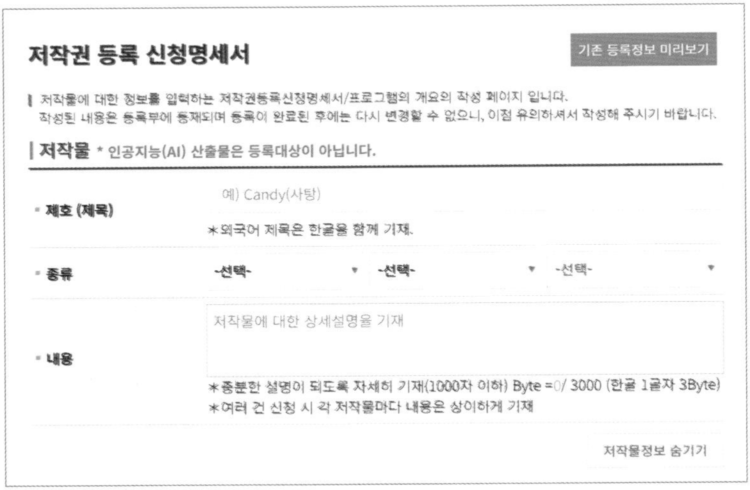

저작물 소개 내용 입력하기

다음으로 등록사항에는 공표 여부, 등록 내용, 창작 연월일을 입력합니다. 작품을 아직 공표하지 않았다면 '아니오'를, SNS 등에 게시한 적이 있다면 '예'를 선택하고, 창작한 날짜도 함께 입력해야 합니다.

제3부. 나만의 개성 있는 캐릭터 만들기

저작물 등록사항 입력하기

여기까지 잘 따라왔다면, 이제 만들어둔 캐릭터 이미지 업로드가 필요합니다. 복제물 업로드에서 캐릭터 정면, 측면, 후면 이미지를 업로드합니다.

캐릭터 정면, 측면, 후면 이미지 업로드하기

업로드 완료 후 신청목록 화면이 뜨면, 신청한 캐릭터를 선택하고 [작성서류확인], [복제물확인] 후 다음을 클릭합니다.

작성서류 확인 및 복제물 확인하기

그러면 결제금액 확인 및 본인 인증 화면이 나옵니다. 수수료 결제 예정내역을 확인하고 본인인증을 한 후 [확인]을 누릅니다.

결제금액 확인 및 본인 인증하기

마지막으로, 등록증을 수령할 방법을 선택하고 결제를 합니다. 수령 방법으로는 우편(일반등기)을 추천합니다.

등록증 수령 방법을 선택하고 결제하기

이렇게 접수가 완료되었습니다. 심사가 끝나면 등록증이 발급됩니다. 나만의 캐릭터 저작권 등록 완료!

우편으로 받은 저작권 등록증 실물 모습

제 4 부

인스타툰
무작정 따라 하기

인스타툰 개념과 특성 파악 및 초기 설정하기

chapter
16

우리는 웹툰의 시대에 살고 있습니다. 웹툰 자체의 인기도 대단하지만 수많은 드라마, 애니메이션, 영화, 게임도 웹툰을 기반으로 만들어집니다. 웹툰은 사실 굉장한 장점을 가지고 있어요. 누구나 작가가 될 수 있다는 점이죠. 심지어 그림을 잘 그리지 못해도요. 내가 그린 웹툰이 많은 사람에게 인기를 얻는 상상을 해보세요. 짜릿하지 않나요?

웹툰의 개념

웹툰을 그리기 위해서는 웹툰이 무엇인지부터 알아봐야겠죠?

> **웹툰: Web + Cartoon**
> 웹상에 올리는 모든 형태의 만화

웹툰은 인터넷에서 제공되는 만화를 뜻합니다. 2000년대 이전의 만화는 대부분 출판 형태였어요. 그러다 2000년 이후, 다음과 네이버 같은 대형 포털들이 사용자를 확보하기 위해 웹상에 만화를 제공하면서 웹툰의 시대가 열렸고, 출판만화보다 월등한 확장성과 빠른 제공 속도를 바탕으로 웹툰 시장은 폭발적으로 성장하게 됩니다.

웹툰의 차별성

독자

웹툰은 만화를 통해 스토리를 전달합니다. 그래서 일러스트레이션이나 이모티콘에는 없는 독자(讀者)가 존재해요. 아무리 잘 만들어진 웹툰이라도 독자가 외면한다면 그 가치가 바랠 수밖에 없습니다. 그래서 웹툰은 독자의 성향을 제대로 파악하고 이를 작품에 적절히 반영해야 합니다.

연재

만화의 다음 편을 기다려본 경험, 다들 있지요? 웹툰은 연재를 통해 독자들에게 꾸준히 어필하면서 그 가치를 하나하나 쌓아갑니다. 아무리 소재가 훌륭하고 잘 그려진 웹툰이라도, 꾸준히 연재되지 않으면 독자들로부터 그 가치를 인정받기 어렵습니다.

웹툰에 대한 오해

웹툰은 디지털 드로잉 작품이다?

많은 사람이 '웹툰＝디지털 드로잉'이라고 생각합니다. 하지만 종이에 그린 만화도 스캔해서 웹(인터넷)에 올리면 웹툰이 됩니다. 그리는 도구가 아니라 제공되는 매체의 차이인 것이죠. 다만 스캔 과정의 번거로움과 품질의 한계, 제작 편의성 등의 이유로 웹툰 대부분이 디지털 드로잉 방식으로 제작됩니다.

웹툰은 그림을 잘 그려야 한다?

이모티콘이나 일러스트레이션은 작화력과 표현력에 중점을 둡니다. 하지만 웹툰은 상대적으로 스토리 비중이 훨씬 큽니다. 출중한 그림 실력이 반드시 필요한 것은 아니라는 말이죠. 물론 그림을 잘 그리면 좋겠지만, 좋은 스토리가 있고 이를 잘 표현할 수 있는 기본적인 그림 실력만으로도 웹툰을 시작하기에 충분합니다.

스캔 웹툰 예시

디지털 드로잉 웹툰 예시

어떤 플랫폼이 좋을까?

웹툰을 그릴 마음의 준비가 되었다면, 이제 어디에 올릴지를 고민할 차례입니다. 전업 작가라면 다음, 네이버 같은 포털 웹툰 플랫폼이 제일 좋습니다. 이들은 국내 웹툰 시장을 대표하는 플랫폼이고, 인기를 끌면 고수익을 올릴 수 있기 때문입니다. 하지만 아마추어 만화가에게는 진입 장벽이 제법 높습니다. 작화, 연출, 스토리 등 모든 요소에서 높은 수준이 요구되며, 전업 작가라도 순위가 낮으면 안정적인 수익을 기대하기 어렵습니다.

그래서 취미로 웹툰을 시작하는 아마추어 작가라면 연재 플랫폼으로 SNS를 활용하는 것을 추천합니다. 그중 인스타그램은 네이버 밴드, 틱톡 다음으로 가장 널리 쓰이는 SNS죠. 밴드는 폐쇄형 소모임에,

틱톡은 동영상 숏츠 업로드에 특화되어 있는 점을 감안하면, 이미지 기반 콘텐츠를 올리기에는 인스타그램이 가장 적합합니다. 특히 인스타그램은 개방형 개인 채널이라는 특성상 공개 범위 설정, 댓글 제한, 팔로워 중심 홍보 등에서 상당히 유용합니다. 실제로 많은 아마추어 웹툰 작가들이 가장 많이 활용하는 플랫폼이기도 하고요. 사람들은 이처럼 인스타그램에 올리는 웹툰을 '인스타툰'이라고 부릅니다.

인스타툰: instargram + Cartoon
인스타그램에 올리는 모든 형태의 만화

인스타툰이 가지는 특징은?

정해진 이미지 규격

인스타그램도 하나의 플랫폼이기 때문에 이미지 규격 제한이 있어요. 인스타툰에서는 이미지의 가로와 세로 비율 차이가 일정 이상 나면 업로드는 가능하지만 이미지 일부가 잘려 보일 수 있습니다. 인스타그램은 정사각형 비율에 최적화되어 있고 한 번에 올릴 수 있는 이미지 수는 최대 20장입니다. 따라서 웹툰 컷은 정사각형 20컷 이내로 기획하고, 20컷이 넘는다면 회차를 나누어 올려야 합니다.

	최적 이미지 규격	이미지 개수
정사각형	1080×1080픽셀 / 종횡비 1:1	
직사각형(가로)	1080×566픽셀 / 종횡비 1.91:1	1~20개
직사각형(세로)	1080×1350픽셀 / 종횡비 4:5	

인스타그램 이미지 업로드 규정

장르와 연재 방식의 제한

인스타그램의 이미지 규격과 업로드 개수 제한으로 인스타툰의 장르와 주제 선택에도 약간의 한계가 존재합니다. 출판만화나 포털 웹툰에서 볼 수 있는 다양한 지면 구성이 어렵고, 장기적인 시리즈 연재 또한 쉽지 않습니다. 그래서 인스타툰은 짤막한 에피소드 형식의 만화로 제작되는 경우가 많습니다.

인스타툰 예시(분필툰)

당연하게도 인스타툰을 시작하려면 인스타그램 계정이 있어야 합니다. 아직 계정이 없다면 구글 플레이스토어나 애플 앱스토어에서 인스타그램 앱을 다운로드해 설치한 다음, 인스타그램에 접속해 계정을 생성하면 됩니다.

애플 앱스토어 - 인스타그램 앱 다운로드하기

인스타그램 계정을 만들었다면, 이제 본격적으로 그림을 그릴 차례입니다. 여기서부터가 진짜 난관이에요. 왜냐고요? 그림을 그리라고 하면 모두 비슷한 고민을 하게 되거든요.

앞에서 말했듯, 인스타툰은 장르와 표현 범위가 제한적이에요. 그래서 많은 작가들이 자신의 일상이나 직업에서 소재를 찾습니다. 변호사, 간호사, 의사, 교사, 학생 등 다양한 사람들이 저마다의 소소한 경

험을 자신만의 방식으로 풀어내어 만화로 표현합니다. 거창하지 않아도 괜찮습니다. 머릿속에 떠오른 소재를 편하게 그려보세요. 꼭 잘 그릴 필요도 없습니다. 중요한 것은 일단 시작하는 것입니다. 웹툰은 시작이 반이며, 무엇보다 중요한 것은 꾸준함입니다.

인스타툰 세계관 설정하기

세계관: 창작물이 속해 있는 세계에 대한 설정

소재를 선택했다면, 이제 세계관(世界觀, worldview)을 정할 차례입니다. 세계관이란 만화나 소설, 영화 속 인물과 배경에 대한 설정을 의미합니다. 표현이 좀 애매하죠? 도표로 보겠습니다.

소재	세계관	배경	인물
학교 일상	→ 사람들이 등교하고 공부하고 하교하며 일상을 살아가는 세상	→ 충남 ○○시 ○○ 초등학교	→ 선생님, 학생A, 학생B, 학생C 등
	→ 학용품들이 등교하고 공부하고 하교하며 일상을 살아가는 세상	→ 가방마을 필통 초등학교	→ 지우개, 연필, 보드마커, 자, 분필 등

세계관에 따른 배경과 캐릭터의 차이

즉, 배경과 인물이 포함된 세계관 설정에 따라 같은 소재라도 색다른 작품으로 만들어질 수 있다는 이야기입니다. 대형 포털 웹툰의 상위권 인기 작품들, 그중에서도 판타지 장르의 경우에는 새로운 세계를 창조해야 하므로 세계관 설정이 다소 복잡합니다만, 일상 에피소드 중

세계관에 따른 인물 설정 차이

심의 인스타툰은 기존 세계관에 약간의 변화만 주어도 작품의 분위기를 크게 바꿀 수 있습니다. 세계관 설정이 잘된 작품은 더 주목받기 마련입니다.

인스타툰 캐릭터 설정하기

캐릭터: 인격이 부여된 대상

소재와 세계관 설정이 끝났다면, 이제 이야기를 이끌어가는 캐릭터(Character)를 설정할 차례입니다. 캐릭터라는 말은 원래 '성격', '인격'을 의미해요. 사람이든 사물이든 동물이든 작가가 인격을 부여하는 대상이 작품을 이끌어가는 주체, 즉 캐릭터가 됩니다. 좋은 작품에는 매력적인 캐릭터가 있기 마련이죠. 그렇다고 캐릭터 설정에 너무 부담을 갖진 않아도 됩니다. 캐릭터는 만화가 진행되면서 성장하고 변화하니까요. 처음에는 비교적 가벼운 마음으로 시작하는 게 좋습니다. 그렇다면 인스타툰 캐릭터의 초기 설정에서 고민해야 할 요소는 무엇일까요?

캐릭터의 외모와 표정은 어떠한가?

웹툰은 캐릭터에 의해 이야기의 방향성이 결정됩니다. 그래서 캐릭터의 개성을 잘 드러내는 외모(헤어스타일, 옷차림, 액세서리 등)와 표정을 설정하는 게 중요합니다. 이러한 외모와 표정 설정은 캐릭터들 사이의 차별점을 부여하는 요소로 작용합니다.

동일한 캐릭터의 다른 스타일들

어디까지 표현할 것인가?

　웹툰을 그리다 보면 캐릭터의 디테일을 추구할 때가 있어요. 그러면 웹툰 제작에 많은 시간이 들고 연재에도 악영향을 미치게 됩니다. 가볍게 시작한 웹툰이 점점 부담으로 바뀌는 것이죠. 그래서 표현의 디테일에는 한계를 두는 게 좋습니다.

　예를 들어 일본의 유명 애니메이션 〈호빵맨〉에서는 캐릭터들의 손이 모두 동그랗게 표현됩니다. 이는 애니메이터들이 손을 정교하게 그리느라 늦게 퇴근하지 않도록 하려는, 집에 가서 아이들과 시간을 더 보내라는 원작자의 배려였다고 하죠. 어떻게 표현하든, 시간과 체력을 과도하게 소모하지 않는 선에서만 디테일을 추구하는 것이 좋습니다. 다시 한번 말하자면, 웹툰의 생명은 꾸준함이니까요. 지치면 못합니다.

인스타툰
캐릭터 그리기

인스타툰의 본질은 만화입니다. 아무리 스토리가 좋아도 '만화' 없이는 '인스타툰' 자체가 만들어지지 않아요. 따라서 만화의 시작이자 중심이라 할 수 있는 캐릭터를 그릴 수 없다면, 인스타툰은 애초에 불가능해집니다. 그렇다면 인스타툰 캐릭터는 어떻게 그려야 할까요? 기본적으로 캐릭터는 이모티콘이나 일러스트레이션과 같은 방식으로 제작하지만, 인스타툰의 특성상 세부 내용은 조금 다릅니다.

인스타툰 캐릭터 작화 조건

캐릭터 묘사는 복잡하지 않게

인스타툰은 대부분 스마트폰으로 감상합니다. 현재 주로 사용되는 스마트폰의 화면은 가로 길이(짧은 변)가 6.5cm 정도이기 때문에, 6.5×6.5cm의 작은 정사각형 안에 원하는 장면을 효과적으로 구성해야 합니다. 캐릭터 묘사가 복잡해지면 가시성과 주제 전달력이 떨어질뿐더러, 그리는 시간도 오래 걸려서 연재에 악영향을 미칠 수 있어요. 따라서 이목구비, 손발, 머리카락 등의 요소는 간결하게 표현하고, 옷차림도 다른 캐릭터들과 구분이 될 정도의 묘사면 충분합니다.

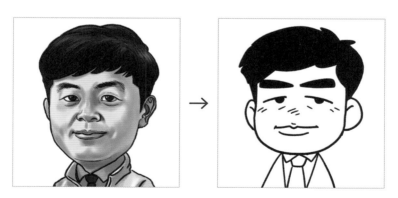

캐릭터 묘사 단순화하기

다양한 시점에서 본 모습이 일관성 있게

　시점은 사물이나 장면을 보는 작가의 위치를 의미합니다. 인스타툰 캐릭터는 이야기 흐름에 따라 상, 하, 전, 후, 좌, 우 그리고 그 사이 각도 등 다양한 시점에서 그려집니다. 문제는 각도에 따라 캐릭터의 모습이 일관되지 않게 표현되는 경우가 있다는 거죠.

정면 45도, 정면, 측면에서 본 캐릭터 모습

　시점이 달라지더라도 캐릭터의 모습은 일관되게 표현되어야 합니다. 일관성이 있어야 캐릭터의 정체성과 개성이 잘 전달되고, 독자도 자연스럽게 몰입할 수 있기 때문입니다. 시점별 캐릭터 묘사는 곧이어 자세히 설명하겠습니다.

인스타툰 캐릭터 시점별 모습 그리기

본격적으로 인스타툰 캐릭터의 시점별 모습을 그려볼까요? 앞서 언급했듯, 시점에 따라 달라지는 캐릭터 모습을 미리 설정해두면, 향후 일관성 있는 작화에 큰 도움이 됩니다. 여기에서는 실제 작품에서 자주 사용되는 정면, 측면, 정면 45도를 설명하겠습니다.

시점별 얼굴 묘사하기

먼저 원 세 개를 그립니다. 이 원들은 각 정면 45도, 정면, 측면 얼굴을 묘사할 가이드라인이 됩니다.

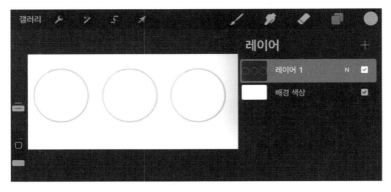

얼굴 묘사 가이드라인 그리기

먼저 기준이 될 정면 얼굴을 스케치합니다. 그다음 [캔버스] - [그리기 가이드(2D격자)]를 활성화하고, [그리기 도우미]가 적용된 레이어를 생성한 뒤, 다른 색(아래 그림에서 빨간색)으로 정수리, 눈썹, 눈, 입, 귀, 턱 위치에 맞게 가이드라인을 그려주세요.

얼굴 정면 모습 스케치 후 가이드라인 그리기

이제 가이드라인에 맞추어 정면 왼쪽 45도와 측면에서 본 얼굴을 그려줍니다. 처음이라면 생각보다 어려운 작업일 수 있어요. 동일한 캐릭터라도 시점에 따라 전혀 다른 인물처럼 보이기 쉽거든요. 그럴 때는 당황하지 말고, 일관된 느낌이 들도록 천천히 다시 그려서 완성해보세요.

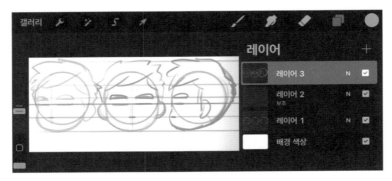

얼굴 왼쪽 45도, 옆 모습 스케치하기

묘사가 끝나면, 빨간색 가이드라인이 보이지 않게 레이어 체크박스를 해제하고, 스케치 레이어 위에 새 레이어를 생성하여 스케치를 따라 선화를 깔끔하게 그려줍니다. 이때 각 얼굴을 서로 다른 레이어에 그려주면, 나중에 다른 장면에 활용할 때 편리해요. 레이어 최대 개수를 넘지 않는 범위라면, 레이어는 아낄 필요가 없습니다.

스케치를 따라 세 방향에서 본 얼굴 모습 선화 그리기

이렇게 시점에 따른 캐릭터 얼굴 묘사가 끝났습니다. 이 과정은 인스타툰 제작에서 중요한 단계입니다. 이런 기준 그림이 있으면, 이후 인스타툰 연재 시 캐릭터 얼굴 묘사에 유용한 참고 자료로 활용할 수 있습니다. 시간이 좀 걸리더라도 완성도 있게 그려주세요.

시점별 전신 묘사하기

시점별 얼굴 묘사가 끝났다면 전신 모습도 그려봐야겠죠? 전신 그리기가 부담되더라도 걱정하지 마세요. 방법에 따라 얼굴 그리기보다 더 쉽게 느껴질 수도 있습니다. 먼저 시점별 얼굴 묘사 파일을 왼쪽으로 밀면 나타나는 [복제] 버튼을 눌러 파일을 복제합니다. 이전 단계에서 얼굴을 시점별로 각각 다른 레이어에 나눠 그려두었다면, 전신을 그릴 때도 그대로 참고하거나 이어 그리기 쉬워 매우 유용하게 쓰입니다.

시점별 얼굴 묘사 파일 드래그로 복제하기

시점별 얼굴 묘사 파일이 복제된 모습

파일을 열어 기존 얼굴 레이어의 불투명도를 조절하고, 그 아래에
새 레이어를 생성한 뒤, 신체 비율(여기서는 3등신)을 고려하여 정면 각
도의 몸통을 회색 브러시로 그립니다. 그다음 [캔버스] - [그리기 가이
드(2D 격자)]를 활성화하고, [그리기 도우미]가 적용된 레이어를 생성
해 팔, 허리, 다리를 기준으로 가이드라인을 그려주세요.

전신 앞 모습 스케치 후 가이드라인 그리기

이제 가이드라인을 참고해 정면 왼쪽 45도와 측면 몸통을 그려줍니다. 이때 해당 캐릭터만의 특징을 드러낼 수 있는 요소를 함께 넣어주면 좋습니다. 예를 들어 저는 티셔츠에 가로 줄무늬를 넣었어요. 간단한 장치지만 헤어스타일, 표정 등과 어우러져 캐릭터의 개성이 잘 드러납니다. 자신의 취향에 맞게 자유롭게 표현을 추가해보세요.

전신 왼쪽 45도, 옆 모습 스케치하기

끝으로 스케치 레이어 위에 새 레이어를 생성하고, 선화를 깔끔하게 그려줍니다. 그리기가 끝난 뒤 스케치 레이어를 비활성화하면 본문 250쪽 그림과 같은 결과물을 얻을 수 있습니다.

스케치 레이어를 바탕으로 깔끔한 선화 그림이 그려진 모습

　해당 과정을 모두 마쳤다면, 인스타툰에 캐릭터를 활용할 기본 준비는 끝난 셈입니다. 앞서 언급했듯, 이 과정은 세세한 묘사보다 일관성 있는 캐릭터 작화에 도움을 주는 데 목적이 있어요. 인스타툰을 시작하려 한다면, 이러한 기준 작화를 미리 잘 만들어놓는 것이 중요합니다. 작화가 들쭉날쭉하면 독자 입장에서도 어색하게 느끼고, 작가 본인도 결과물에 아쉬움이나 후회가 많이 남습니다.

만화를 그릴 때 많이 하는 실수 중 하나는 캐릭터의 자세와 움직임이 경직되어 보이는 것입니다. 정적이거나 움직임이 제한된 캐릭터로는 장면에 활기를 불어넣기 어렵죠. 그래서 캐릭터를 묘사할 때는 동세가 잘 드러나도록 표현하는 것이 중요합니다.

동세: 인물이나 사물에서 느껴지는 운동감

흔히 '동세(운동감)'이라고 하면 팔다리를 움직이거나 장소를 이동하는 모습을 떠올리기 쉽지만, 가만히 서 있는 모습에서도 중력이나 바람의 영향을 받는 듯한 느낌, 혹은 곧 움직일 것 같은 인상을 준다면, 그것 역시 동세에 해당합니다. 즉 동세는 역동성과는 구별되며 경직성의 반대 개념으로 이해하면 더 쉬워요. 개인적으로는 '동세 = 운동감'보다, '동세 = 생동감'이 더 적절한 표현이라고 생각합니다.

그렇다면 어떻게 그려야 동세가 느껴질까요? 다음은 동세를 효과적으로 표현하는 요령입니다.

다음 중 동세가 가장 잘 느껴지는 그림은?

단위 컷	연속 컷
- 표정이나 동작 표현하기 - 직선보다는 곡선으로 그리기 - 정면, 측면보다 45도 각도로 그리기 - 좌우대칭보다 비대칭 활용하기 - 효과선 활용하기	- 캐릭터 확대, 축소 활용하기 - 색상 변화 활용하기 - 표정, 움직임, 자세 변화 활용하기

인스타툰 동세 표현 요령

눈치챘나요? 동세 표현의 핵심 키워드는 바로 '변화'입니다. 선이든, 색상이든, 동작이나 표정이든 '변화'라는 요소가 포함되었을 때 비로소 우리는 생동감을 느낍니다. 인스타툰에서 캐릭터를 표현할 때도 이 점을 고려해보면 좋습니다.

동세가 표현된 만화 예시

동세가 표현된 만화 예시(단위 컷)

동세가 표현된 만화 예시(연속 컷)

컷 구성과
화면 연출

누구나 적어도 한 번쯤은 음식을 요리해본 경험이 있을 거예요. 요리를 하다 보면 어떤 날에는 잘되기도 하고, 어떤 날은 망하기도 하죠. 같은 음식을 만들어도 식재료와 도구, 조리법을 얼마나 알고 있는가에 따라 음식의 완성도가 달라져요. 인스타툰도 마찬가지입니다. 캐릭터와 스토리만으로는 좋은 만화를 만들 수 없습니다. 이야기의 구성과 표현에 필요한 요소를 잘 이해하고 적용할 수 있어야 매력적인 작품을 그릴 수 있어요. 그 핵심 요소가 바로 '컷'과 '연출'입니다.

인스타툰에서 컷이란?

컷(cut) = 자르다 / 자른 부분

영화나 애니메이션을 보면 한 장면이 다른 장면으로 넘어가는 모습을 자주 볼 수 있습니다. 그렇게 분할된 개별 장면을 우리는 '컷'이라고 불러요. 인스타툰 역시 스토리텔링 장르이기 때문에 무수히 많은 컷으로 이루어집니다. 여러분이 그간 봐온 수많은 만화처럼요.

컷은 이야기를 장면 단위로 쪼갤 뿐만 아니라, 원하는 범위만큼 제한하는 역할도 합니다. 컷은 인스타툰의 정체성에 해당하는 요소이며, 이를 얼마나 능숙하게 활용하느냐에 따라 작품의 완성도가 달라집니다.

적절한 컷 수는 몇 개일까요?

그렇다면 인스타툰에 적합한 컷 수는 몇 개일까요? 답은 '모른다'입니다. 작가 마음이에요. 인스타툰은 한 회차에 최대 20장의 이미지를 업로드할 수 있습니다. 기본적으로는 20컷 구성이지만 한 이미지 안에서 컷을 쪼개면 실제 컷 수는 더 많아질 수 있죠. 칸 규격을 고려할 때 현실적인 최대치는 80컷 정도로 볼 수 있는데, 이는 웬만한 짧은 포털 웹툰 1화 분량에 해당합니다. 아마추어 작가가 본업과 병행하면서 감당할 만한 컷 수가 아니에요.

인스타툰은 연재가 멈추면 치명적입니다. 그러니 지속적인 연재가 가능한 컷 수로 구성하길 추천합니다. 보편적으로 4~10컷 정도가 많이 쓰이며, 2~3컷이나 1컷으로만 이루어진 인스타툰도 있습니다.

1컷 만화 예시

4컷 만화 예시

　중요한 점은 컷 수에 따라 인스타툰의 성격이 달라질 수 있다는 것
입니다. 1컷 구성은 함축성 있는 시의 느낌, 4컷 구성은 '기-승-전-결'
이 뚜렷한 단편만화 느낌, 그 이상의 컷 수는 서사적이고 각 회차가 이
어지는 느낌이 강해집니다. 작가 본인의 성향에 맞추어 선택하는 것이
좋습니다.

 인스타툰의 컷은 여러 모양의 칸으로 표현할 수 있습니다. 가장 기본적인 모양은 직사각형이에요. 지면 비율이나 작가의 연출 의도에 따라 칸의 크기나 가로, 세로 비율을 달리해서 다양하게 적용할 수 있습니다. 그중 1:1 비율의 정사각형 컷은 인스타그램의 기본 이미지 프레임과 형태가 같아서 널리 쓰입니다.

| 다각형 칸 테두리 | 정사각형 칸 테두리 | 테두리 없음 |

 직사각형 외에 삼각형, 사다리꼴, 평행사변형, 원형 등의 칸도 사용할 수 있습니다. 다만 화면 규격이 작은 인스타툰에서는 시각적 혼란을 줄 수 있어 잘 쓰지 않죠.
 한편 칸을 그릴 때 꼭 반듯한 선만 사용해야 하는 것은 아닙니다. 반듯하지 않고 구불거리는 선으로 그린 사각형 칸도 자주 쓰이고 있어요. 직사각형 형태의 칸에 비해 좀 더 부드러운 인상을 주기 때문에 이

런 스타일을 선호하는 작가들도 많답니다. 심지어 칸 자체를 그리지 않기도 합니다. 인스타그램의 이미지 프레임 자체가 하나의 칸 역할을 할 수 있어서, 별도의 칸을 그리지 않고 인스타툰의 장면을 구성하는 경우도 많습니다.

컷에 들어갈 배경은 어떻게 하죠?

사실 배경은 참 어렵습니다. 있으면 좋은데, 잘 그리기에는 작업량이 너무 많아요. 그래서 상당수의 프로 작가가 아예 배경 작가를 따로 둘 정도죠. 인스타툰에서는 이 부담을 줄이기 위해 배경을 간소화하거나 채색으로 대체하기도 하고, 아예 그리지 않는 경우도 많습니다. 어떤 방식을 쓸지는 적절히 선택하면 됩니다.

배경 모두 그림   배경을 채색으로 대체   배경 없음

시점: 사물이나 장면을 보는 작가의 위치

칸 모양을 정했다면, 이제 컷 안에 화면을 구성할 차례입니다. 화면을 구성한다는 것은 내가 보여주려는 장면을 독자에게 어떤 모습으로 보여줄지 정한다는 이야기입니다. 예를 들어 어떤 영화에서는 주인공의 왼쪽 얼굴이 드러나는 화면을 주로 사용했다고 해요. 관객들이 주인공의 외모에 매력을 더 잘 느낄 수 있게끔 말이죠. 인스타툰 역시 어떻게 화면을 구성하느냐에 따라 주제 전달의 효율성이 달라집니다. 매우 중요한 작업이죠.

그렇다면 화면 구성은 어떻게 하면 될까요? 화면 구성의 가장 기초 단계는 작가가 보는 시점을 정하는 것입니다. 시점에 따라 화면의 구도는 크게 달라집니다. 분명 똑같은 상황을 표현한 장면이어도 전혀 다른 느낌을 줄 수 있죠. 이는 독자의 시점과 등장인물, 배경 사이의 관계가 달라지기 때문입니다.

본문 262쪽 상단의 왼쪽 그림은 독자의 시점이 등장인물의 눈높이보다 낮습니다. 독자가 밑에서 올려다보는 구도이기 때문에, 등장인물의 위치는 상대적으로 높고 독자로부터 약간의 거리감이 느껴지죠. 그리고 배경은 넓은 하늘만 보입니다. 공간의 여유와 거리감을 통해 등

시점에 따른 장면의 차이

장인물에게 좀 더 집중하기 위한 장면 구성입니다.

반면 오른쪽 그림은 독자의 시점이 등장인물의 눈높이와 같습니다. 왼쪽 그림에 비해 등장인물과의 거리감은 줄어든 대신, 배경에 등장하는 건물들로 인해 화면이 다소 복잡해지죠. 오롯이 등장인물에게 집중하긴 어렵지만 독자와 등장인물, 배경의 관계에 더 초점을 맞추고 다양한 요소를 한 컷에 담기에 적합한 장면 구성입니다.

이처럼 똑같은 상황이라도 시점에 따른 장면의 차이를 이해하고 잘 활용한다면, 작가가 전달하려는 의도를 독자가 훨씬 더 효율적으로 받아들일 수 있습니다.

인물 배치에 따른 화면 구성

시점뿐만 아니라 인물 배치도 화면 구성의 중요한 요소입니다. 어디까지나 스토리의 중심은 캐릭터니까요. 중심이 되는 인물을 원하는 위치(보통은 중앙)에 놓고 나머지 인물이나 사물을 배치하는데, 이때 다음 사항들을 주의할 필요가 있습니다.

컷당 주인공 1명이나 주변 인물 포함 3~4명으로 그리기

사실 인스타툰은 많은 내용을 화면에 담기에는 칸 크기가 작습니다. 앞서 언급했듯, 인스타툰 대부분은 스마트폰으로 감상하거든요. 거기에 인스타그램 이미지 프레임이 정사각형이어서, 가로 비율이 큰 사각형에 비해 좌우가 좁은 느낌이라 배치 가능 인원수는 줄어들 수밖에 없습니다.

따라서 주변 인물은 아예 넣지 않거나 소수 인원만 배치하는 게 효율적입니다. 꼭 여러 명이 등장해야 하는 장면이라면, 여러 인물을 따로 그리지 않고 군중으로 뭉뚱그려서 배치하는 방법도 있습니다.

주인공과 주변 인물 및 사물의 관계를 고려하여 화면 배치하기

사진을 찍을 때, 사진 속 주인공이 화면 중앙에 위치하면 주변 인물이나 사물, 배경이 눈에 잘 들어오지 않습니다. 그래서 주변 인물이나 사물, 배경이 좀 더 드러나게 하려고 주인공의 위치를 주변으로 옮기기도 하죠. 인스타툰도 마찬가지입니다.

주인공 혼자 등장하는 장면이라면 화면 중앙에 배치하는 게 최선이지만, 주변과의 관계를 고려해야 하는 상황이라면 주변부로 배치하는 게 나을 수 있습니다. 단, 화면의 초점은 여전히 주인공에게 맞춰져 있어야 합니다. 이 경우에는 보통 주변 피사체를 주인공 뒤에 배치하거나, 상대적으로 간략하게 표현합니다. 만약 주인공보다 앞에 배치해야 하는 경우에는 피사체를 흐릿하게 그려서 나타내기도 합니다.

1명일 때 인물 배치

3명일 때 인물 배치(주인공1, 주변 인물2)

효과적인 화면 연출하기

연출: 효과적인 주제 전달을 위해 여러 시청각적 수단을 사용하는 것

연출도 매우 중요한 요소입니다. 예를 들어 영화 〈죠스〉의 배경 음악이 〈아기 상어〉라면 영화의 긴장감이 전달될까요? 아니겠죠. 인스타툰도 마찬가지입니다. 인물의 감정과 생각, 주변 분위기를 잘 전달하려면 장면에 어울리는 효과적 연출 방법을 써야 합니다.

화난 모습의 다양한 연출 예시

기본

확대 + 눈동자 색

대사 + 얼굴색 강조

배경색 + 효과음 + 집중선

본문 265쪽 그림을 보면 같은 내용을 담은 장면들이지만, 연출 방법에 따라 인물의 감정이 전달되는 정도가 다르죠? 참고로 이처럼 인물의 모습을 강조하는 데 초점을 맞출 경우, 더 효과적인 연출을 위해 주변 인물이나 사물, 배경은 과감하게 생략하기도 합니다. 만약 주변 풍경이 세세하게 그려져 있다면, 인물의 모습에 집중하기 어려울 테니까요. 이처럼 연출 방법을 잘 이해하고 활용하면, 간단한 방식으로도 훨씬 효율적인 화면 구성을 할 수 있습니다.

연출 활용 예시: 그림자 + 배경색 + 효과선 + 효과음 + 대사 + 인물대비 등

스토리보드 작성에서 러프스케치까지

이제 본격적으로 인스타툰을 그려볼 차례입니다. 우리가 여행을 갈 때도 여행의 기본적인 흐름과 계획이 있어야 하죠? 인스타툰도 비슷합니다. 먼저 전체적인 이야기 흐름을 잡아야 만화를 온전히 구상할 수 있고, 세부적인 작화, 대사, 연출 방법 등의 계획을 바탕으로 인스타툰을 완성하게 됩니다. 경우에 따라서는 사전 준비 없이 펜 가는 대로 작품이 완성될 때도 있지만, 인스타툰은 한 편으로 끝나는 게 아니죠. 계획과 준비 과정은 항상 필요한 법입니다.

스토리보드는 왜 필요할까요?

> **스토리보드(콘티)**
> 이야기의 전체 흐름과 요소, 연출 방법을 계획한 기초 설계도

긴 시간 대화할 때, 어느새 주제에서 벗어난 이야기를 하고 있는 자신을 발견한 적이 있죠? 보통 이야기의 전체 흐름을 계획하지 않기 때문에 생기는 현상입니다. 대화의 방향을 잊게 되는 거죠. 그래서 연설에서는 메모한 내용을 보면서 말하는 경우가 많습니다.

인스타툰도 이야기를 전달한다는 측면에서는 마찬가지입니다. 최소한의 설계도 없이 그냥 그리다 보면 이야기 구조가 엉망이 되거나, 실제 의도와 다른 내용을 그릴 수도 있습니다. '스토리보드'(일본식 표현으로 '콘티')는 이러한 문제를 막아주는 중요한 장치라고 볼 수 있습니다. 특히 인스타툰을 처음 시작하는 분들에게 스토리보드는 스토리텔링의 일관성에 많은 도움을 줍니다.

스토리보드와 그림 실력은 거의 상관없습니다. 물론 그림을 잘 그리면 훨씬 좋긴 해요. 영화 쪽 이야기입니다만, 〈기생충〉으로 아카데미상을 받은 봉준호 감독은 만화를 잘 그려서 스토리보드를 직접 책으로 만들어 배우들에게 준다고 합니다. 그 덕분에 배우들이 연기의 방향과 디테일을 잘 파악할 수 있다고 하죠.

하지만 중요한 것은, 스토리보드는 어디까지나 설계도라는 점입니다. 스토리보드에 있어야 하는 것은 전체적인 이야기 흐름과 표현에 필요한 요소, 인물과 사물의 화면 배치 및 효과적인 연출 계획이에요. 그림은 부차적 요소입니다. 그림으로 표현하기 힘든 것들은 글로 표현해도 무방해요. 독자에게 보여줄 것은 아니니까요.

본문 270쪽 예시 그림에서 확인할 수 있듯이 인물의 크기, 위치, 동작, 표정, 사물, 대사 내용 등을 가능한 한 세세하게 스토리보드로 작성하면 됩니다. 그림은 그저 거들 뿐, 작가 본인이 알아볼 수 있는 수준이면 충분합니다.

프로크리에이트 스토리보드 작성 예시(분필툰)

스토리보드(콘티) 작성 과정 알아보기

스토리 구상하기: 컷 수 정하고 장면 정하기

스토리보드를 작성하려면 이야기를 적절히 쪼개는 과정이 무엇보다 중요합니다. 그러려면 먼저 '컷' 수가 결정되어야겠죠? 앞서 언급했듯, 가장 많이 사용되는 컷 수는 4~10컷입니다. 그중 본인의 계획에 맞는 컷 수를 선택하면 됩니다. 단, 처음에 정한 컷 수를 끝까지 고집할 필요는 없어요. 만화 컷은 그리다 보면 줄기도 하고, 늘기도 하거든요. 여기서는 6컷으로 구성하도록 하겠습니다.

캔버스 준비하기: 사각형(sRGB / 2048×2048px / 300dpi)

인스타그램 기본 이미지 프레임은 정사각형입니다. 마침 프로크리에이트에도 정사각형 캔버스가 세팅되어 있네요(본문 272쪽 위 그림). 오른쪽 상단에 있는 더하기 [+] 버튼을 눌러 사각형 캔버스를 생성해 줍니다. 이때 캔버스의 컬러 세팅과 픽셀(px) 사이즈를 확인할 수 있어요. 참고로 2048px은 300dpi 기준으로 약 17.34cm에 해당합니다.

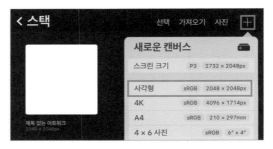
인스타툰용 정사각형 캔버스 만들기

생성된 캔버스에서 [동작] - [잘라내기 및 크기변경] - [설정]으로 들어가면, 캔버스 크기와 dpi 값을 확인할 수 있어요. 기본으로 설정된 값 대신 다른 값으로 바꿀 수 있는데, 이때 dpi나 px 값이 낮아지면 해상도가 떨어진다는 사실에 유의하길 바랍니다.

캔버스 크기와 dpi 값 확인하기

이야기 흐름에 따른 컷별 장면을 스토리보드로 작성하기

캔버스 세팅이 끝났다면, 이제 스토리보드 작성만 남았습니다. 6컷으로 계획했기 때문에 스토리보드도 총 6개가 나와야 합니다. 즉 6

제4부. 인스타툰 무작정 따라 하기

개 레이어(layer)가 필요하다는 이야기죠. 이야기의 흐름에 따라 6개 장면을 그려줍니다. 이때 포함되면 좋은 요소는 다음과 같습니다.

- 장면에 대한 작가의 시점
- 인물의 크기, 위치, 자세, 표정, 시선
- 대사 내용과 말풍선 종류, 크기, 위치
- 전반적인 이야기 흐름
- 화면 연출 방법
- 채색 계획

6컷 스토리보드 작성 예시(분필툰): 레이어 생성 + 미디움 에어브러시(회색)

구체화 단계, 러프스케치

　스토리보드 작성이 끝났다면 이제 만화를 좀 더 세밀하게 그릴 차
례입니다. 스토리보드에서 세운 대강의 얼개를 바탕으로 구체적인 형
태를 묘사하는 단계죠. 순수미술에서는 '스케치', '밑그림'으로 언급하
며, 만화에서는 '러프스케치(rough sketch)'라고 부릅니다. 러프스케치
는 '거칠다(rough)'와 '간추린 그림(sketch)'의 일본식 합성어로, 본격적
인 '선 처리'를 위한 구체적인 밑그림 과정입니다.

스토리보드　　　　　　　　　러프스케치

스토리보드와 러프스케치를 직접 비교하면 러프스케치의 가치가 더 명확해집니다(본문 274쪽 그림 참고). 스토리보드에 비해 러프스케치에서 형태가 훨씬 구체적으로 묘사됐죠? 다음 단계인 '선화 작업'은 대부분 러프스케치를 바탕으로 선을 정리하여 따라 그리는 것이기 때문에, 구체적 형태 묘사는 여기에서 대부분 이루어진다고 봐도 무방합니다.

정도의 차이는 있겠지만, 최종 형태의 80~90% 안팎 완성도로 작업한다고 보면 좋습니다. 하지만 어디까지나 형태 묘사가 완성에 가까운 것이지, 마무리된 것은 아니에요. 본격적인 마무리는 선화 작업에서 이루어지기 때문에 가급적 형태 변형, 크기 조정, 위치 변경 등의 편집은 이 단계에서 다 해놓는 게 좋습니다. 또 선화 작업 과정에서 그림이 추가되거나 삭제되기도 하죠. 결국 러프스케치도 작화 완성을 위한 중요 과정 중 하나입니다.

이야기 흐름에 따른 컷별 장면 러프스케치하기

이제 이야기 흐름에 따라 구체적 형태를 그리면 됩니다. 각 스토리보드 레이어(불투명도 30~40%) 위에 러프스케치 레이어를 새로 생성한 다음, 스토리보드 그림을 토대로 형태를 묘사해 그립니다. 그림을 잘 그린다면 좀 더 쉽게 끝나겠지만, 그렇지 않더라도 걱정할 필요는 없습니다. 지금 내가 가능한 수준에서 원하는 형태를 그릴 수 있으면 됩니다. 한 번에 끝내지 않아도 돼요. 얼마든지 고쳐 그리고, 다시 그릴 수 있는 게 러프스케치니까요.

6컷 러프스케치 예시(분필툰): 신규 레이어 생성 + 미디움 에어브러시(회색)

편집, 선화 작업, 그리고 대사 넣기

여러분은 웹툰 제작의 가장 큰 산을 넘었습니다. 아직은 준비 과정에 해당하지만, 스토리보드 작성과 러프스케치는 웹툰 작품의 뼈대와 살집을 만드는 매우 중요한 작업이죠. 그렇기에 이 두 과정을 완료했다면, 웹툰 제작은 절반 이상 해결된 셈입니다. 이제 웹툰 제작의 후반부에 접어들고 있어요.

이번 단계에서는 편집, 선화 작업, 대사 삽입이 기다리고 있습니다. 여러분이 만들고 있는 웹툰이 훨씬 더 재미있어질 거란 이야기죠.

이거 안 하면 피곤해져요, 이미지 편집

글을 쓰다 보면, 처음에는 괜찮았던 부분도 다시 보니 틀리고 어색하고 성에 차지 않는 경우가 많습니다. 그럴 때는 그런 부분을 지우고 다시 쓰거나 일부 수정하죠. 인스타툰도 똑같아요. 그렸는데 어색한 장면이 있거나 스토리 연결이 매끄럽지 않으면, 마음에 들도록 고치거나 다시 그려야 합니다. 안 그러면 다 완성하고 나서 틀림없이 후회하게 돼요. 우리는 이 과정을 '이미지 편집'이라고 합니다.

이미지 편집(image editing)
작가의 의도에 맞춰 이미지를 원래와 다르게 변형시키는 작업

문제는 선화 작업 이후에 이미지 편집을 하면 할 일이 많아진다는 점이에요. 안 좋은 버릇은 어릴 때 고쳐야 그나마 좀 쉽지, 성인이 돼서 고치려면 굉장히 어렵잖아요? '선 따기(선화 작업)'나 '채색' 후에 하는 '이미지 편집'은 '호미로 막을 걸 가래로 막는 격'입니다. 즉 이미지 편집은 러프스케치 단계에서 해놓는 게 가장 효율적이죠.

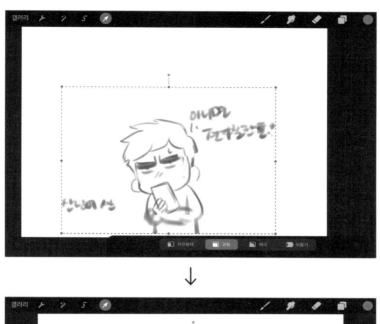

이미지 편집 예시(크기 조정): [변형] 선택 - 크기 조정 후 [변형] 선택 해제하기

그렇다면 러프스케치 단계에 적용 가능한 이미지 편집 항목에는 무엇이 있을까요?

- **크기 변형**: 인물이나 사물의 크기를 더 크거나 작게 만드는 것.
- **형태 변형**: 인물이나 사물, 배경의 형태를 조정하는 것.
- **위치 변경**: 인물이나 사물의 위치를 옮기는 것.
- **부분 이동**: 전체가 아닌 일부분(예: 눈, 코, 입) 위치를 옮기는 것.
- **추가**: 기존에 없던 요소를 그려넣는 것.
- **삭제**: 기존에 있던 요소를 지우는 것.
- **복사 및 붙여넣기**: Ctrl+C/Ctrl+V. 필요한 항목을 복사하여 붙여넣는 행위. 동일한 사물이나 장면을 다시 그리는 수고를 덜기 위해 사용. 컷을 반복해서 쓸 때 활용.

러프스케치 단계에 적용 가능한 이미지 편집 항목

정리된 것처럼, 러프스케치 단계에서의 이미지 편집은 대부분 '형태'와 관련된 작업이 중심입니다. 당연하게도 러프스케치는 밑그림일 뿐이거든요. 이 말을 하는 이유는, '선 따기'나 '채색' 단계에서도 이미지 편집이 이루어지며, 그때는 편집의 성격이 다르다는 것을 알려주기 위함입니다.

조형의 마무리, 선화 작업은 왜 해야 할까?

선화 작업
러프스케치를 바탕으로 원하는 선을 깔끔하게 그리기 위한 과정

러프스케치와 1차 편집까지 마쳤다면, 이제 선화를 그릴 차례입니다. 속칭 '선 따기'라고도 하는데, 러프스케치와 달리 진한 검은색 브러시를 사용하여 형태를 깔끔하게 마감하는 작업입니다. 실제로 대부분의 웹툰은 이 과정을 거친 결과물이에요. 스토리보드나 러프스케치를 생략할지라도, 선화 작업은 반드시 합니다. 왜 꼭 해야 하느냐고요? 러프스케치와 선화 작업의 결과물을 비교해보면 금방 알 수 있습니다.

러프스케치   선화 작업 결과물

두 그림의 차이를 확인했나요? 눈에 들어오는 정도가 다르죠? 선화 작업물에 비해 러프스케치는 미완성의 느낌이 강합니다. 이유는 두 가지입니다.

첫째, 브러시의 색깔입니다. 과거 출판만화는 연필로 러프스케치를 했어요. 잉크 선화 작업 후 러프스케치는 지워야 했으니까요. 연필은 기본적으로 회색을 띱니다. 잉크랑 비교하면 그 차이가 확연히 드러나죠. 디지털 드로잉도 마찬가지입니다. 여전히 대부분의 러프스케치는 회색 브러시로 이루어집니다. 간혹 붉은색이나 푸른색으로 작업한 러프스케치도 볼 수 있지만, 검은색에 비해 눈에 잘 안 띄는 것은 매한가지죠.

둘째, 브러시의 질감입니다. 러프스케치는 말 그대로 '거친 밑그림'입니다. 원하는 형태를 얻기 위해 여러 번 선을 그어야 하다 보니, 깔끔한 잉크 계열 브러시보다는 반투명하고 뭉개지는 느낌의 에어브러시나 연필 계열 브러시를 주로 사용하죠. 그 결과, 그림에서 선의 경계가 불분명하고 전체적으로 거칠고 뭉개진 느낌을 주게 됩니다.

이러한 브러시의 특성 차이로, 러프스케치와 선화 작업의 느낌은 다를 수밖에 없습니다. 정리하자면, 선화 작업은 전체적인 그림의 완성도를 끌어올리는 단계라고 할 수 있죠.

선화 작업(선 따기) 따라잡기

제목이 좀 거창해서 그렇지, 실상 선화 작업은 특별한 방법이랄 것이 없습니다. 러프스케치를 베이스로 해서 그림의 윤곽선을 검정 브러시로 따라 그리는 게 전부예요. 하지만 선화 작업이 작화에서 차지하는 비중은 매우 크기 때문에, 다음 사항들을 염두에 두어야 합니다.

어떤 브러시로 그릴 것인가?

미리 말하자면, 브러시는 지극히 개인 취향의 영역이기 때문에 정답이 없어요. 다만 디지털 드로잉이 익숙하지 않은 분들에게 [서예] - [모노라인]과 [잉크] - [스튜디오 펜]을 추천합니다. 두 브러시 모두 프로크리에이트에 기본으로 포함된 브러시로, 입자가 촘촘하고 선 경계가 깔끔해 선화 작업뿐만 아니라 채색에도 적절해요. 모노라인은 선

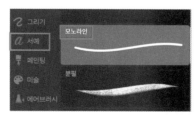

[서예] - [모노라인]

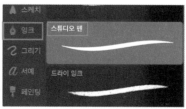

[잉크] - [스튜디오 펜]

굵기가 일정한 반면, 스튜디오 펜은 필압에 따라 선 굵기가 달라집니다. 두 브러시 모두 안정화 옵션이 적용되어 있어 빠른 속도로 그리면 원하는 모양이 잘 안 나올 수 있으니, 마음의 여유를 가지고 천천히 그리세요.

어떤 색으로 그릴 것인가?

선화 작업은 일반적으로 검은색을 사용합니다. 검은색은 흰 배경뿐만 아니라 어두운 배경, 다른 색들 사이에서도 가장 눈에 잘 띄거든요. 아무래도 인스타툰 그림이 눈에 띄지 않으면 보기가 불편하겠죠? 그렇다고 검은색만 써야 한다는 건 아닙니다. 작가의 스타일이나 연출 의도에 따라 다른 색을 사용할 수도 있어요. 다만 배경이 흰색인 점을 고려하면 가급적 어두운 계열의 색을 쓰는 것이 바람직합니다.

사용된 색상에 따른 선화

인스타툰의 숨은 주인공, 대사

대사: 캐릭터의 생각이나 감정을 전달하는 글

만화를 그리는 많은 분이 간과하는 부분이 있어요. 바로 대사입니다. 인스타툰은 만화의 형식을 빌릴 뿐, 어디까지나 스토리텔링 비중이 가장 큽니다. 자세한 내용은 주로 대사를 통해 전달되는 거죠. 그래서 대사를 어떻게 쓰느냐에 따라 작품의 완성도가 크게 달라집니다. 잘 만든 대사 하나, 열 작화 안 부럽달까요? 새로 창작해도 좋고, 기존의 명대사나 유행어를 잘 활용해 멋진 대사를 조립하는 것도 괜찮은 방법입니다. 그렇다면 인스타툰에서 대사는 어떻게 만들고 삽입할까요? 여기에는 글자 쓰는 방법과 대사 표기 방법에 따라 각기 두 가지 선택지가 있습니다(본문 286쪽 표 참고).

유명한 캐릭터의 유명한 대사

다스베이더(스타워즈)   강백호(슬램덩크)   포로리(보노보노)

글자 쓰는 방법	대사 표기 방법
- 손글씨로 직접 쓰기 - 자판 입력: [동작] - [추가] - 텍스트 추가	- 배경 공간에 글자 나열 - 말풍선에 글자를 넣어 표시

인스타툰 대사 만들기

먼저 글자 쓰는 방법 측면에서 알아볼까요? 손글씨의 장점은 간편하다는 것입니다. 그림 그리듯 직접 쓰면 되는데 악필이라면 조금 어렵습니다. 반면 자판 입력은 내 글씨와 상관없이 가지런하고 깔끔하게 쓸 수 있어요. 단, 기기에 저장된 글꼴로만 글자 표기가 가능하고, 일부 글꼴은 저작권 문제로 사용할 수 없습니다. 두 방법 모두 일장일단이 확실하지만, 언제나 그렇듯 취향에 따라 선택하면 됩니다.

손글씨   자판글씨

다음은 대사 표기 방법 측면입니다. 대사를 표기하는 방식에는 배경 공간에 글자를 나열하는 방법과 말풍선에 글자를 넣어 표시하는 방법이 있습니다.

말풍선: 인물의 대사를 표현하는 공간적 요소

말풍선은 대사를 전달하는 장치로서, 만화라는 장르에 정체성을 부여하는 요소 중 하나예요. 말풍선은 화면 속 그림 요소들과 대사를 확실하게 분리하고, 특정 대사의 출처를 직관적으로 알게 해줍니다. 또한 등장인물의 감정 표현이나 장면의 연출이 더욱 효과적으로 이루어지게 합니다. 예나 지금이나, 말풍선은 가장 많이 쓰이는 대사 전달 수단이기 때문에, 다양한 모양의 말풍선을 적재적소에 잘 활용하는 것이 중요합니다.

말풍선의 종류

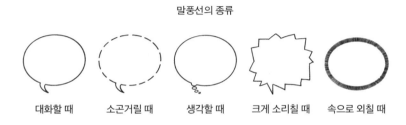

| 대화할 때 | 소곤거릴 때 | 생각할 때 | 크게 소리칠 때 | 속으로 외칠 때 |

이러한 말풍선의 사용 여부는 대사의 성격이나 화면 속 상황에 따라 달라집니다. 등장인물이 직접 내뱉는 대사는 대부분 말풍선을 사용해서 표기하는 반면, 인물의 혼잣말이나 해설, 효과음, 화면 속 주변 인물들이 주고받는 말 등은 말풍선 없이 배경에 직접 표기합니다.

참고로 출판만화나 포털 웹툰에 비해 인스타툰은 주로 1인칭 시점에서 이야기가 전개되고 등장인물과 배경 요소가 적은 관계로, 화면에 공백이 많아 말풍선 사용 빈도는 상대적으로 낮은 편입니다.

말풍선을 사용한 경우

말풍선을 사용하지 않은 경우

물론, 정답은 없습니다. 이 두 가지 표기 방법을 한 장면에서 동시에 쓴다고 해도 문제가 되진 않아요. 상황에 어울리도록 적절하게 대사를 표기한다면, 여러분이 만드는 인스타툰이 더욱 재미있어질 것입니다.

채색과 업로드

스토리보드 작성, 러프스케치, 1차 편집, 선화 작업, 그리고 대사 넣기까지 만만치 않은 여정이었을 것입니다. 이 과정을 마쳤다면 인스타툰 제작은 거의 끝난 것이나 다름없어요. 이대로 인스타그램에 올려도 크게 손색이 없달까요?

하지만 조금 더 완성도 있는 결과물을 얻기 위해, 마지막으로 거쳐야 할 과정이 남아 있습니다. 바로 채색과 업로드죠. 이 단계들을 잘 마무리하면, 여러분의 인스타툰은 더욱 생명력을 갖고 독자들에게 매력적으로 다가갈 수 있을 것입니다.

채색은 그림에 '빛깔'을 입히는 행위입니다. 빛이 드리우는 풍경에서 우리가 생명력을 느낄 수 있듯이, 흰 배경과 검은색 선화뿐인 장면에 다양한 빛깔을 입히면 인스타툰은 좀 더 생동감 있는 작품이 될 수 있죠. 즉 채색은 인스타툰의 전체적인 완성도를 높이는 과정입니다.

채색 전   채색 후

채색은 꼭 해야 하는가?

채색을 반드시 해야 하는 것은 아닙니다. 최소한의 색칠조차 안 했다고 문제가 되진 않습니다. 인스타툰은 어디까지나 작가의 자유로운 표현 영역이니까요. 오히려 과거 출판만화는 잡지 만화 중 소수 인기 작품, 그것도 일부분만 컬러로 나왔을 뿐 대부분은 흑백만화였습니다. 채색 비용과 컬러 인쇄 비용이 많이 들었거든요.

디지털 드로잉이 일반화된 웹툰 시대가 되어서야 풀컬러 채색이 주류가 되었죠. 물론 스타일에 따라 여전히 흑백으로 채색하거나, 아예 채색을 생략하는 작가도 있습니다. 결국 채색 여부는 작가의 의도에 달린 문제입니다.

인스타툰 채색 요령

　구체적인 채색 방법과 과정을 알아보기 전에, 다음 세 가지 채색 요령을 짚고 넘어갈까요?

　첫째, 장면끼리 공유하는 캐릭터와 사물, 배경 색감에 차이가 없도록 칠한다.

　둘째, 스포이드 기능을 자주 활용하고, 주로 쓰는 색상은 팔레트에 등록해 사용한다.

　셋째, 꼭 필요한 경우가 아니면 중첩 채색은 자제하고, 불필요한 부분은 과감히 생략한다.

　인스타툰은 장면 연계가 중요하기 때문에 장면끼리 색감의 차이가 나면 곤란합니다. 일부러 강조하려는 게 아니면 같은 색상과 스타일로 칠하는 것이 좋습니다. 무엇보다 채색에 너무 공을 들이다가 지쳐버리면 연재가 어려워져요. 거듭 말하지만, 인스타툰은 꾸준함이 생명입니다.

사용하는 색 종류에 따른 채색 방식의 분류

흑백 채색

가장 기본적인 채색 방식입니다. 무채색(흰색, 회색, 검은색)으로만 칠하기 때문에 색상을 크게 고민할 필요가 없고, 검은색 선화 작업과 동시에 진행할 수 있어 시간을 절약할 수 있다는 장점이 있습니다. 펜과 스크린톤(흑백 그림에서 회색 음영을 표현하기 위한 스티커 형태의 필름으로, 그림에 맞추어 잘라 붙임)으로 그림을 그리던 출판만화 시절에 주로 사용되던 방식이지만, 현재도 적지 않은 작가들이 이 방법으로 인스타툰을 그리고 있죠. 다만 사용 색상이 제한되어 있기에 채색을 통한 다양한 연출이 어렵다는 단점이 있습니다.

포인트 채색

흑백 채색을 바탕으로 하되, 일부 필요한 부분만 유채색으로 칠하는 방식입니다. 흑백 채색이 가진 작업 효율성을 유지하면서, 연출상의 한계를 어느 정도 보완할 수 있죠. 유채색으로 칠한 부분이 훨씬 강조되어 극적인 효과를 낼 수 있지만, 잘못 사용하면 해당 부분만 지나치게 튀어 보이거나 장면이 지저분해질 수 있다는 단점이 있습니다.

따라서 색상을 잘 선택하고, 채색 빈도를 적절히 조절하는 것이 중요합니다.

풀컬러 채색

디지털 드로잉이 일반화되고 관련 기기와 프로그램이 크게 발전한 현재에 가시성과 다양한 연출, 결과물의 완성도를 위해 많이 쓰이는 채색 방식입니다. 무채색과 유채색을 골고루 사용해 기본적으로 장면 전체를 칠하는 방식이지만, 배경을 생략하는 경우가 많은 인스타툰에서는 캐릭터 채색은 필수로 하되, 배경 채색은 간소화하거나 아예 하지 않기도 하죠. 색에 대한 전반적인 감각과 이해가 좋을수록 채색 효과와 효율이 높아지며, 색을 이용한 다채로운 연출이 가능해집니다.

흑백 채색   포인트 채색   풀컬러 채색

이제 채색을 해봅시다

배경 채색이 추가될 수 있다는 점만 제외하면, 인스타툰 채색 방법은 기본적으로 이모티콘이나 캐릭터 채색 방법과 같습니다. 따라서 여기서는 조건별로 정리하여 설명하겠습니다.

조건1. 선화를 경계로 컬러 드롭 사용

선화 레이어를 레퍼런스로 설정해서 별도 레이어에 채색하는 방식입니다. 선 경계가 깔끔하지 않으면, 선화와 채색 사이에 공백이 생겨 선화 브러시 선택 폭이 좁아지거나, 선화를 삭제하거나 이동했을 때, 기존 선화 자리에 채색 공백이 생긴다는 단점이 있죠. 하지만 채색해야 하는 부분을 둘러싼 선에 뚫린 부분만 없다면, 가장 편리하게 채색할 수 있습니다(본문 296쪽 위 그림 참고).

조건2. 선화와 상관없이 별도로 테두리 마감 후 컬러 드롭 사용

선화 레이어를 레퍼런스로 설정하지 않고, 선화 안쪽에 선택한 색으로 뚫린 곳 없이 테두리를 그린 다음, 같은 색으로 컬러 드롭하는 방식입니다. 이 방식은 채색 과정이 늘어나고, 컬러 드롭의 공백을 막기

선화

컬러 드롭

선화를 경계로 레퍼런스 설정(조건1 예시)

위해 채색용 테두리를 잉크 계열 브러시로 그려야 한다는 불편함은 있지만, '조건1'의 단점을 대부분 효과적으로 보완한 방법이라고 할 수 있죠. 선화 브러시 선택에 제한이 없고, 선화가 지워지거나 이동해도 채색 공백이 발생하지 않습니다(아래 그림 참고).

선화

테두리 컬러 마감

컬러 드롭

조건3. 컬러 드롭 사용하지 않고 채색하기

브러시로 채색면을 일일이 칠하는 방식입니다. 컬러 드롭을 하지 않기 때문에 넓은 면을 손수 브러시로 칠해야 하고 채색면 경계(선화)를 넘어가기 쉽다는 단점이 있습니다. 하지만 별도 후속 작업 없이 브러시 고유의 질감을 살릴 수 있다는 장점이 있죠. 채색면 경계를 넘어가는 문제는 지우개, 클리핑 마스크 등으로 해결하면 됩니다.

채색 레이어 선택 - 지우개로 지우기

선화 배경 자동 선택 - 채색 레이어 선택 - [자르기] 선택

선화 배경 자동 선택 - [반전] 선택 - 채색 레이어 밑 배경색 레이어 컬러 드롭(회색)
- 채색 레이어 [클리밍 마스크] 설정

마지막 단계, 업로드

이제 마지막 단계입니다. 우리가 그리는 인스타툰은 인스타그램에 업로드까지 해야 비로소 완성됩니다. 준비물이요? 인스타그램 계정과 다 그린 작품 파일만 있으면 됩니다. 업로드를 마치고 나면, 남은 건 여러분이 인스타툰 작가가 되는 일뿐이죠.

① 새 게시물 올리기   ② 그림 선택 - 비율 맞추기

③ 비율 확인 - [다음] 클릭

④ 필터 효과 선택 - [다음] 클릭

⑤ 문구, 태그 등록 - [공유] 클릭

⑥ 공유된 인스타툰

제 5 부

내 그림으로
나만의 굿즈 만들기

chapter
22

굿즈 제작
과정 이해하기

아이패드나 스마트폰 화면이 아닌, 실제 사용할 수 있는 물건으로 내 그림을 새롭게 마주하면 또 다른 감동이 느껴집니다. 굿즈 제작 과정을 살펴보고, 내 그림으로 다양한 굿즈를 만들어봅시다.

다양한 굿즈 예시

제5부. 내 그림으로 나만의 굿즈 만들기

굿즈의 제작 순서 생각하기

굿즈를 만들기 위해서는 다음과 같은 단계를 거쳐야 합니다.

첫째, 굿즈 품목 정하기.
둘째, 굿즈 제작 업체 찾기.
셋째, 그림 그리기 & 주문 접수 파일 만들기.
넷째, 인쇄 파일 발주하기.

굿즈 품목은 아주 다양합니다. 내 그림으로 엽서를 만들 수도 있고, 스티커를 만들거나 메모지, 클립보드, 마스킹테이프를 만들 수도 있습니다. 여러분은 어떤 굿즈를 만들고 싶은가요?

문구류	생활소품	패브릭 & 의류
메모지, 엽서, 스티커, 마스킹테이프, 마우스패드, 클립보드 등	머그컵, 텀블러, 스마트폰 케이스, 스마트톡, 여권 케이스 등	담요, 파우치, 에코백, 앞치마, 후드티 등

다양한 굿즈 종류

처음 굿즈를 만든다면 소량 제작이 가능한 굿즈 제작 업체를 찾는 것이 좋습니다. 1개부터 굿즈를 만들 수 있는 소량 굿즈 제작 업체 정보는 본문 307~308쪽 표를 참고하세요.

굿즈 품목을 정하고 제작 업체를 찾았다면 이제 굿즈를 만들 그림을 그려야겠지요. 이때 굿즈의 작업 사이즈를 먼저 확인한 다음, 그에 맞게 그림을 그리는 것이 좋습니다. 예를 들어 정사각형 모양으로 그렸는데, 세로가 긴 클립보드를 만들어야 한다면 그림에 변형이 생길 수밖에 없겠지요. 그래서 미리 작업 사이즈를 확인하고 작업을 시작해야 합니다.

이미지 파일로 굿즈 제작하기

흔히 굿즈를 만든다고 하면 포토샵이나 일러스트레이터 같은 프로그램 사용이 필수라고 생각하기 쉽습니다. 실제로 과거에는 굿즈를 만들기 위한 인쇄 파일을 발주하기 위해 포토샵 또는 일러스트레이터를 반드시 사용해야 했습니다. 하지만 요즘은 '이미지 파일'만으로도 쉽게 만들 수 있습니다. 즉 우리가 사용하는 프로크리에이트에서 그림을 그리는 것만으로도 충분히 굿즈를 만들 수 있게 되었습니다.

이미지 파일로 굿즈를 제작할 수 있게끔 하는 기능을 '간편 에디터'라고 합니다. 굿즈 제작 업체마다 사용하는 용어는 조금씩 다를 수 있지만, 이 책에서는 '간편 에디터'라고 지칭하겠습니다. 간편 에디터를 제공하는 업체에서 굿즈를 제작하는 과정을 살펴보고, 내 그림으로 나만의 굿즈를 함께 만들어볼까요?

업체명	홈페이지 주소	특징
레드프린팅	www.redprinting.co.kr	스티커, 마우스패드, 명함, 책, 텀블러, 패브릭 등 다양한 굿즈 취급.
오프린트미	www.ohprint.me	
비즈하우스	www.bizhows.com	미리캔버스와 연동되어, 미리캔버스의 템플릿을 사용한 셀프 디자인 가능.

애즈랜드	www.adsland.com	출판 등 종이류 인쇄를 주로 취급하며 명함, 스티커, 떡메모지, 엽서 등 일부 굿즈만 셀프 에디터를 제공.
퍼블로그	www.publog.co.kr	달력, 포토북 등 사진을 주로 인쇄하던 업체로 사진 인화 퀄리티가 좋음.
마플	www.marpple.com/kr	의류, 패션 잡화 등의 굿즈를 주로 취급하며 천 종류의 인쇄 퀄리티가 좋음.
뚝딱샵	https://ddddshop.co.kr/stor	여러 사람의 굿즈를 함께 만들 때 사용하기 좋은 초대 계정 서비스를 제공(학교, 학원 등 학생과 함께 제작하기에 좋음).

간편 제작 및 소량 주문이 가능한 굿즈 제작 업체

5부에서는 간편 에디터를 제공하는 여러 굿즈 제작 업체를 소개하며, 다양한 정보를 균형 있게 담고자 했습니다. 업체마다 취급하는 품목이 겹치기도 하고, 제작 과정이나 가격에 차이가 있으니 잘 비교해보고, 자신에게 맞는 곳을 선택해 마음에 드는 굿즈를 제작해보길 바랍니다.

네모 모양 굿즈,
메모지 제작하기

메모지는 학생, 주부, 직장인 등 많은 사람이 사용하는 일상용품입니다. 일반적으로 네모 형태를 띠기 때문에, 그림 이미지 파일(JPG, PNG)만 있으면 쉽게 제작할 수 있습니다. 내가 그린 그림으로 다양한 사이즈의 메모지를 직접 만들어 사용해볼까요?

네모 모양 메모지 예시

애즈랜드에서 이미지 파일로 메모지 제작하기

굿즈 제작이 처음이라면, 네모난 형태의 메모지 굿즈부터 만들어보는 것을 추천합니다. 우리가 그림을 그리는 캔버스도 기본적으로 네모난 형태이기 때문에, 그림을 그대로 활용해 굿즈를 쉽게 제작할 수 있어요.

첫 번째 굿즈를 제작할 업체는 '애즈랜드'입니다. 애즈랜드에서는 '셀프 에디터'라는 기능을 제공하여 메모지, 포토카드, 엽서 등을 만들 수 있습니다. 애즈랜드 홈페이지(https://www.adsland.com/)에 접속하여 상단 메뉴 탭에서 [셀프 에디터] - [떡메모지]를 클릭해주세요.

애즈랜드 홈 화면 - [셀프에디터] - 굿즈 탭의 [떡메모지] 선택

셀프에디터 상단 화면

　　떡메모지는 80×80mm, 86×95mm, 95×86mm 등 다양한 사이즈
가 있습니다. 일반적으로 가장 많이 사용하는 80×80mm 사이즈로 떡
메모지를 만들어보겠습니다. 원하는 사이즈에 마우스를 올려놓으면
[편집하기]라는 파란색 네모창이 뜹니다.

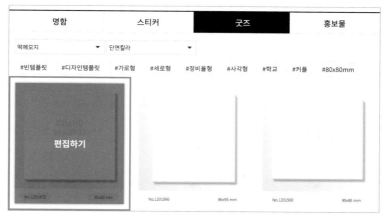

80×80mm 사이즈 떡메모지 [편집하기] 선택

[편집하기]를 누르면, 다음과 같이 이미지를 편집할 수 있는 에디터가 활성화됩니다.

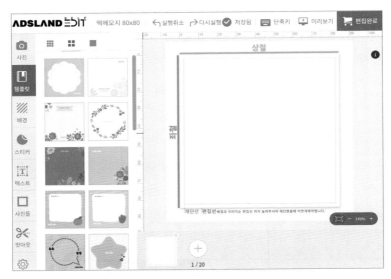

80×80mm 사이즈 떡메모지 셀프에디터가 활성화된 모습

왼쪽 탭의 [템플릿]에는 기본적으로 제공하는 다양한 템플릿이 있습니다. 다음 이미지처럼 템플릿을 불러와 디자인을 일부 수정하여 떡메모지를 만들 수도 있습니다.

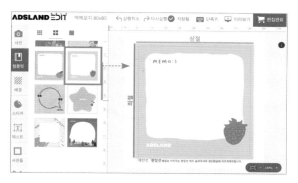

기본으로 제공하는 템플릿을 불러온 모습

하지만 우리는 내 그림으로 메모지를 만드는 것이 목적이므로, 프로크리에이트에서 작업한 이미지를 불러오겠습니다. 프로크리에이트에서 작업한 그림을 이미지 파일로 저장해주세요. 왼쪽 탭의 [사진]에서 [사진 가져오기]를 선택해 저장해둔 내 그림 이미지(jpg, png 가능)를 불러온 다음, 정해진 사이즈에 맞게 배치하면 됩니다.

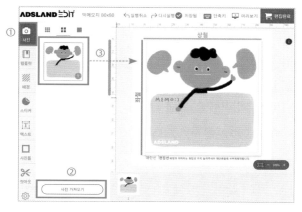

내가 그린 그림을 불러와 배치하기

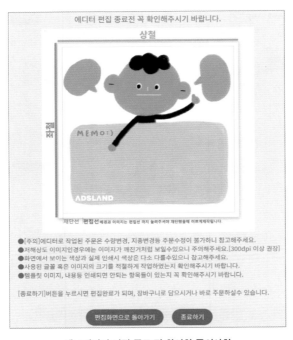

에디터 편집 종료전 꼭 확인해주시기 바랍니다.

상철

MEMO:)

ADSLAND

재단선 **편집선** 배경과 이미지는 편집선 까지 늘려주셔야 재단됐을때 이후재제작됩니다.

●[주의]에디터로 작업된 주문은 수량변경, 지종변경등 주문수정이 불가하니 참고해주세요.
●저해상도 이미지인경우에는 이미지가 깨진거처럼 보일수있으니 주의해주세요.[300dpi 이상 권장]
●화면에서 보이는 색상과 실제 인쇄시 색상은 다소 다를수있으니 참고해주세요.
●사용된 글꼴 혹은 이미지의 크기를 적절하게 작업하였는지 확인해주시기 바랍니다.
●템플릿 이미지, 내용등 인쇄되면 안되는 항목들이 있는지 꼭 확인해주시기 바랍니다.

[종료하기]버튼을 누르시면 편집완료가 되며, 장바구니로 담으시거나 바로 주문하실수 있습니다.

편집화면으로 돌아가기   종료하기

셀프에디터 편집 종료 전 확인할 주의사항

사이즈에 맞게 배치되었다면 본문 313쪽 그림의 우측 상단에 보이는 [편집완료]를 누르고, 주의사항 확인 후 [종료하기](위 그림)를 누르면, 미리보기 화면에서 저장된 떡메모지를 확인할 수 있습니다.

본문 315쪽 그림처럼 인쇄 옵션에서 '수량'을 선택할 수 있는데 배송비(3,000원)를 포함하여 500장(5권)이 8,800원이며 1,000장(10권)이 9,900원, 2,000장(20권)이 12,100원입니다. 떡메모지는 100매를 기본으로 하며 5권, 10권, 20권이 사실상 가격 차이가 많이 나지 않으므로 수량에서 금액 체크를 해본 다음 결제하면 됩니다. (가격은 변동될 수 있으

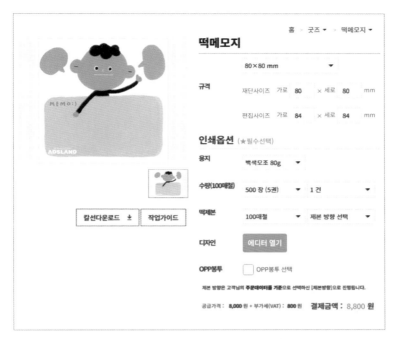

미리보기 화면 및 주문 인쇄옵션 설정하기

니, 자세한 정보는 홈페이지에서 확인해주세요.)

　이처럼 업체에서 제공하는 간편 에디터를 사용해 이미지 파일을 업로드하고 굿즈를 제작하는 과정은 웃음이 나올 만큼 간단합니다.

디지털 드로잉부터 메모지 제작 과정까지 한 번 더 살펴보기

사이즈가 다른 떡메모지를 하나 더 만들어보겠습니다. 이번에는 그림을 그리고 이미지 파일을 저장하는 과정까지 함께 설명해보겠습니다. 이번에 제작할 떡메모지의 사이즈는 100×140mm입니다. 프로크리에이트에서 [사용자지정 캔버스]를 선택한 다음, 떡메모지 사이즈와 동일하게 너비 100mm, 높이 140mm, dpi는 인쇄 출력물에 적합한 300dpi를 입력하고, [창작] 버튼을 눌러주세요.

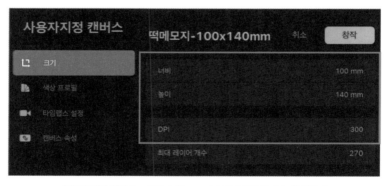

사용자지정 캔버스 - 100x140mm, dpi 300으로 캔버스 생성하기

사람마다 캐릭터를 그리는 스타일이 다른데, 저는 무테(테두리가 없는 그림) 그림을 선호하는 편이라서 스케치를 하지 않고 바로 2등신 캐릭터를 그렸습니다.

레이어를 나누어 캐릭터 그리기

얼굴, 눈코입, 뒷머리, 볼터치, 손으로 레이어를 나누어 그린 다음,
캐릭터가 스케치북을 들고 있는 모습을 그렸습니다. 스케치북의 경우,
현재 배경 색상이 흰색이라 눈에 띄지 않기 때문에 [레이어]에서 [배경
색상] 레이어를 선택하여 컬러를 변경합니다.

[배경 색상] 레이어의 컬러 변경하기

[배경 색상]에서 컬러를 변경하면 H, S, B, R, G, B 값 막대바를 좌우로 조정해 다양한 색을 바로 적용해볼 수 있다는 장점이 있습니다. 내 그림에 어떤 배경색이 어울리는지 빠르게 살펴볼 수 있죠. 저는 분홍색 계열 색을 바탕으로 사용했습니다. 그리고 아래 그림처럼 스프링을 그리고, 전등을 추가하고, 스케치북의 무늬를 그렸습니다.

스프링, 전등, 스케치북 무늬 그리기

스케치북의 무늬를 넣을 때는 흰색 바탕의 메모지 위에 '클리핑 마스크'를 적용했습니다. 앞에서 배웠듯, 클리핑 마스크를 적용하면 보다 쉽게 무늬를 그리거나 텍스처를 입힐 수 있습니다.

클리핑 마스크 기능을 사용하여 메모지에 바둑판 무늬 넣기

마지막으로, 왼쪽과 오른쪽 공간이 조금 허전해 보여서 아래와 같이 말풍선과 그림자를 넣고, 떡메모지의 캐릭터 그리기를 마무리하였습니다.

말풍선과 그림자를 추가하여 그림의 완성도 높이기

[동작] - [공유] - 이미지 파일로 저장하기

그림이 완성되었다면 [동작] - [공유]에서 JPEG 또는 PNG 파일을 선택하여 저장해주세요. 그리고 애즈랜드의 홈페이지 화면으로 돌아가서 100×140mm의 떡메모지를 선택합니다.

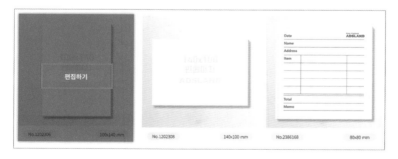

애즈랜드 떡메모지 100x140mm 화면

제5부. 내 그림으로 나만의 굿즈 만들기

[편집하기]를 눌러 에디터를 불러온 다음, [사진] - [사진 가져오기]를 선택하여 프로크리에이터에서 완성하여 이미지 파일(JPEG, PNG)로 저장한 그림을 불러옵니다. 이때 여러 장의 사진을 불러와서 각 떡메모지의 주문을 동시에 할 수도 있습니다. 에디터 아래 [+] 버튼을 누르면 여러 개의 주문이 동시에 가능합니다.

에디터에서 여러 개 주문을 동시에 하기

[편집완료]를 누르면 아까와 달리 [인쇄옵션] 수량에서 자동으로 "3건"이 입력된 것을 확인할 수 있습니다.

떡메모지 미리보기 화면과 인쇄옵션 설정하기

인쇄옵션의 [떡제본]에서는 제본 방향을 상철과 좌철 중에서 선택할 수 있습니다. 마음에 드는 방향을 선택하면 됩니다.

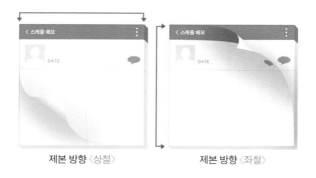

제본 방향〈상철〉　　　　제본 방향〈좌철〉

애즈랜드 떡메모지 제본 방향

저는 배경색과 캐릭터의 소품, 옷 색상을 일부 변경하여 다양하게 떡메모지를 제작해보았습니다. 이렇게 배경색과 옷 색을 변경하는 것만으로도 다채로운 느낌을 낼 수 있습니다. 여러분도 도전해보세요!

배경색과 소품이 일부 다른 떡메모지

애즈랜드 외에도 레드프린팅 등 다양한 업체에서 떡메모지를 제작할 수 있습니다. 간편 에디터를 제공하는 업체들의 제작 과정은 어떤 면에서는 비슷비슷하니, 여러 홈페이지에 직접 들어가보는 것이 좋습니다. 이 책에서는 다양한 업체에서 제작하는 과정을 보여주기 위해 임의로 굿즈 업체들을 선정하였습니다.

이미지 파일로 클립보드와 미니배너 제작하기

클립보드는 A4용지를 클립에 끼워 사용할 수 있는 상품으로, 학생이나 직장인 등 많은 사람에게 두루 활용도가 높은 굿즈입니다. 그리고 미니배너의 경우 동아리, 동호회 등 활동에서 활용하기 좋지요. 클립보드와 미니배너 모두 네모난 형태의 굿즈이기 때문에 떡메모지와 마찬가지로 쉽게 제작할 수 있습니다. 순서대로 차근차근 함께 만들어볼까요?

레드프린팅에서 이미지 파일로 클립보드 제작하기

　클립보드를 제작하기 위해서는 작업 사이즈를 확인해야 합니다. 동일한 품목의 굿즈라도 업체마다 작업 사이즈가 다르기 때문에 굿즈 제작 업체를 먼저 정하는 것이 좋습니다. 저는 클립보드의 경우 레드프린팅을 자주 이용하는 편입니다. 레드프린팅 홈페이지(www.redprinting.co.kr)에서 '클립보드'를 검색하여 작업 사이즈를 확인해볼까요?

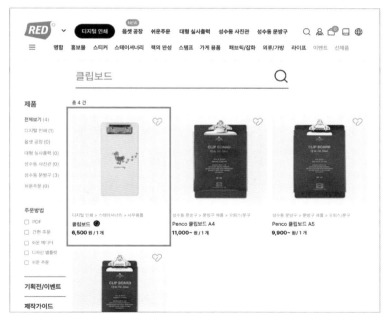

레드프린팅 - 클립보드 검색하기

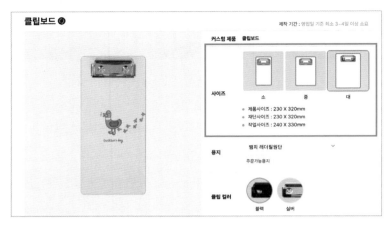

클립보드 작업 사이즈 확인하기(A4 기준: 240x330mm)

레드프린팅의 클립보드는 소, 중, 대로 나뉘어 있습니다. 만약 A4 용지를 끼울 수 있는 크기의 클립보드를 제작하고 싶다면, 사이즈 '대'를 선택하고 해당 작업 사이즈인 240×330mm로 그려야 합니다.

참고로 사이즈는 제품 사이즈, 재단 사이즈, 작업 사이즈로 나뉘어 표기되어 있으며, 제품 사이즈는 실제 굿즈가 완성되는 크기를 말합니다. 재단 사이즈는 제품 사이즈와 동일하며, 작업 사이즈는 재단 사이즈보다 조금 더 큽니다. 굿즈를 만드는 과정에서 재단할 때 잘릴 수 있는 여분 사이즈를 포함한다고 생각하면 이해가 쉬울 것입니다.

클립보드 작업 사이즈를 확인했으니, 이제 프로크리에이트에서 [새로운 캔버스] – [사용자지정 캔버스]를 선택하여 너비 240mm, 높이 330mm, dpi 300을 설정하고 [창작]을 눌러주세요. 이제 이 캔버스에 굿즈에 들어갈 그림을 그려줍니다.

제5부. 내 그림으로 나만의 굿즈 만들기

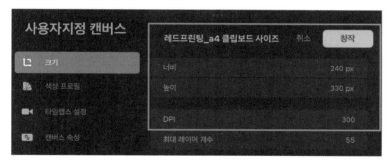

프로크리에이트에서 클립보드 사이즈의 캔버스 만들기

클립보드 사이즈에 맞는 캔버스에 그림을 완성했다면, [동작] - [공유] - [JPEG] 또는 [PNG]를 선택하여 이미지를 저장해주세요.

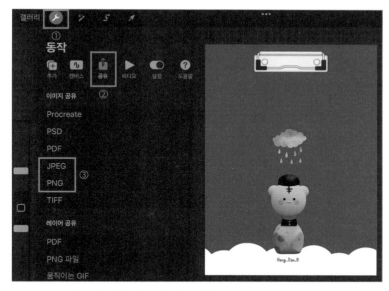

이미지 파일 저장하기: [동작] - [공유] - [JPEG] 또는 [PNG]로 저장하기

다시 레드프린팅 화면으로 가볼까요?

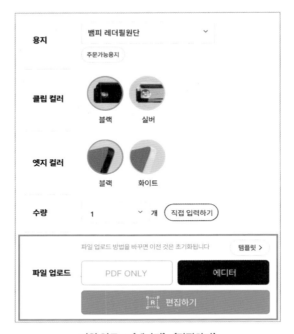

파일 업로드: [에디터] - [편집하기]

사이즈를 결정했다면 용지, 클립의 컬러, 엣지 컬러, 수량 등을 선택할 수 있습니다. 그리고 이미지 파일을 업로드할 때, 'PDF ONLY'와 '에디터' 중 [에디터]를 선택한 다음 [편집하기]를 클릭해주세요. [편집하기]를 누르면 다음과 같이 간편 에디터 화면이 활성화됩니다. 여기서 [사진 가져오기]를 클릭하여 프로크리에이트에서 저장한 이미지를 불러올 수 있습니다.

[사진 가져오기]로 그림 이미지 업로드하기

클립보드 인쇄는 앞면과 뒷면, 총 두 면이 인쇄되기 때문에 업로드할 때도 앞면과 뒷면의 이미지를 각기 업로드해야 합니다. 앞면과 뒷면 이미지를 동일하게 업로드해도 되지만, 서로 다른 이미지로 업로드할수도 있습니다.

클립보드의 앞면과 뒷면 이미지를 다르게 업로드하기

이미지 업로드가 끝났다면, 마지막으로 확인해야 하는 것은 실제 제작되는 사이즈인 초록색 선 밖으로 중요한 정보 또는 이미지가 빠져 나가지 않았는지 확인하는 것입니다.

잘못된 예: 초록색 선 밖으로 나간 글자

삽입한 이미지가 흐리게 보이거나 해상도가 작거나, 글자 또는 중요 이미지가 잘리는 등의 내용을 확인하고 수정 보완 작업까지 완료했다면, 에디터 [종료하기]를 눌러 처음 화면으로 돌아옵니다.

이미지 파일 업로드를 종료했을 때 보이는 화면

이제 해당 파일을 [장바구니]에 넣거나 [주문하기]를 누르면 클립보드 제작이 완료됩니다. 만약 클립보드를 [장바구니]에 담은 후, 이미지 파일을 바꾸고 싶다면 [재편집]을 눌러 수정할 수 있습니다.

이미지를 재업로드하고 싶을 때: [장바구니] - [재편집] 하기

클립보드가 제작되는 데 필요한 기간은 업체마다 다르지만, 레드프린팅의 경우 영업일 기준 최소 3~4일이 소요됩니다. 이때 영업일 기준이란 주말, 공휴일을 제외한 평일을 말하며, 만약 월요일 아침에 주문을 완료했다면 평균적으로 목요일 또는 금요일에 출고됩니다.

미니배너는 소모임이나 행사장 등에서 유용하게 사용할 수 있는 굿즈입니다. 제작 비용도 저렴하고, 가벼워서 손쉽게 들고 다닐 수 있습니다.

실물로 제작된 미니배너   미니배너 제작을 위한 그림

미니배너의 경우 세로로 긴 사이즈이기 때문에, 프로크리에이트에서 배너 사이즈의 캔버스를 만들고 그림을 그리면 좋습니다. 업체마다 미니배너의 사이즈와 가격이 조금씩 다릅니다. 가격은 변동될 수 있으니 꼭 해당 홈페이지를 확인하세요.

업체명	미니배너 사이즈	150x300mm 기준 가격
레드프린팅	150x300, 180x420, 200x400mm	7,810원 (배송비 별도 / 210g 용지 / 거치대 포함)
오프린트미	150x300, 180x420mm	4,900원 (배송비 별도 / 거치대 포함)
퍼블로그	150x300, 190x420mm	4,400원 (배송비 별도 / 거치대 포함)

업체별 미니배너 사이즈 및 기준 가격

위 표에 세 업체의 미니배너 사이즈와 가격을 개략적으로 정리해 두었지만, 사실 가격만으로 업체를 선택하기는 어렵습니다. 예를 들어 레드프린팅은 7,810원으로 동일 사이즈 미니배너 중 가장 비싸지만 용지 두께가 210g이라고 홈페이지에서 밝히고 있습니다. 반면 나머지 두 업체는 용지 두께에 대한 정보가 명시되어 있지 않습니다. 따라서 처음에는 여러 업체에 1개씩 소량으로 샘플을 주문해 비교해보는 것도 좋은 방법입니다.

미니배너는 오프린트미에서 제작해보겠습니다. 먼저 제작하고자 하는 미니배너 사이즈(150×300mm)를 확인하고, 프로크리에이트에서 캔버스를 만들어주세요. 이때 캔버스는 150×300mm가 아닌, 152×302mm로 설정해야 합니다. 이 사이즈를 '작업 영역'이라고 합니다. 실제 재단되는 미니배너 사이즈는 150×300mm이지만, 굿즈를 제작할 때는 재단 시 발생할 수 있는 오차를 감안하여 조금 더 여유를 두고 작업하는 것을 원칙으로 합니다. 대부분 업체에서 실제 굿즈 사이즈와 작업 사이즈를 홈페이지에 기재하여 알려줍니다.

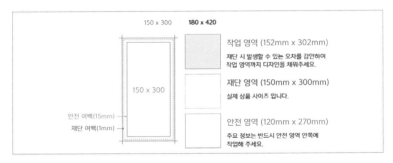

150 × 300 **180 × 420**	

작업 영역 (152mm x 302mm)
재단 시 발생할 수 있는 오차를 감안하여
작업 영역까지 디자인을 채워주세요.

재단 영역 (150mm x 300mm)
실제 상품 사이즈 입니다.

안전 영역 (120mm x 270mm)
주요 정보는 반드시 안전 영역 안쪽에
작업해 주세요.

150 × 300

안전 여백(15mm)
재단 여백(1mm)

오프린트미의 미니배너 작업 및 재단 사이즈

　오프린트미의 작업 영역에 맞추어 프로크리에이트에서 캔버스를
만들고 그림을 그린 뒤, 저장해주세요. 그다음 오프린트미 홈페이지
(www.ohprint.me)에 접속해 '미니배너'를 검색하고 클릭하면, 아래 그
림과 같은 주문 화면이 나타납니다.

오프린트미 미니배너 사이즈 선택하기

제5부. 내 그림으로 나만의 굿즈 만들기

미니배너 사이즈를 선택하고 [시작하기]를 누르면 다음과 같은 화면을 볼 수 있습니다.

오프린트미 디자인 제작 선택하기

[오프린트미 템플릿 사용하기] 또는 [직접 디자인 하기]를 선택해 주세요. 오른쪽 탭의 [내 디자인 업로드]의 경우 포토샵 또는 일러스트레이터로 제작한 PDF 파일이 필요합니다. 우리는 이미지 파일만으로 굿즈를 제작할 것이므로, '템플릿'을 선택하거나 '직접 디자인 하기'를 선택하면 됩니다. [직접 디자인 하기]을 선택해도 템플릿을 불러올 수 있기 때문에, 이를 선택하여 그림을 업로드해보겠습니다.

왼쪽 탭을 살펴보면 위부터 순서대로 클립아트, 로고, QR, 텍스트, 사진, 배경, 템플릿이 있습니다. [사진]을 선택하여 이미지를 불러와주세요. 이미지가 작게 불러왔다면 배너 사이즈에 딱 맞게 이미지를 확대해야 합니다.

오프린트미 [직접 디자인 하기]를 선택하여 [사진]에서 내가 그린 그림 업로드하기

만약 이미지를 업로드했을 때 '느낌표'가 뜬다면 안전선 밖으로 디자인이 삐져나갔기 때문입니다. 느낌표는 경고의 의미이므로 디자인을 점검하기 바랍니다. 참고로 오프린트미의 경우에는 미니배너 사이즈에서 살짝 빠져나갔을 때도 노란색 느낌표가 뜨기는 합니다. 이 경우에는 미니배너 제작에 큰 이상이 없기 때문에, 상황에 따라 느낌표를 무시하고 진행해도 괜찮습니다. 단, 화질이 저화질인 경우(빨간색 느낌표)에는 반드시 파일을 교체하기 바랍니다.

제5부. 내 그림으로 나만의 굿즈 만들기

미니배너 이미지 업로드 시 경고(!) 확인하고 수정하기

한편 오프린트미에서는 로고나 QR코드를 업로드할 수 있습니다. QR코드는 '네이버 QR코드'에서 만들거나, 오프린트미에서 추천하는 무료 온라인 QR코드 생성기에 접속해 만들 수 있습니다. 네이버의 QR코드 생성기보다 후자의 웹페이지에서 QR코드를 생성하는 것이 기능은 조금 부족하지만 더 쉽고 간단합니다.

간편 에디터 배너의 왼쪽 탭에서 [로고, QR]을 선택하고, [QR코드 안내 보기]를 선택하여, 안내 페이지에 있는 사이트 주소로 접속하여 QR코드를 만들어주세요.

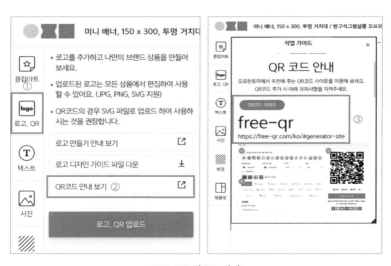

로고, QR 업로드 안내

만드는 방법은 어렵지 않습니다. QR코드 색과 배경색을 지정한 다음, 웹사이트 주소란에 QR코드로 안내하고자 하는 주소를 작성해

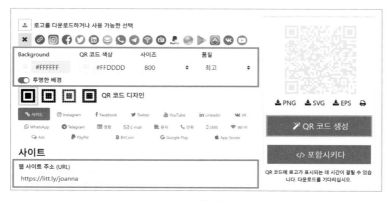

QR코드 생성하기

주세요. 일반적으로 QR코드의 색상은 '검은색', [품질]은 '최고'를 선택합니다. (단, 이 그림의 경우 배경색이 진하기 때문에 연한 분홍색으로 선택했습니다.) 그리고 좀 더 자연스럽게 그림에 QR코드가 어울릴 수 있도록 [투명한 배경]을 활성화한 다음 [QR 코드 생성]을 눌러주세요. 이때 PNG, SVG, EPS 파일 형식으로 다운로드할 수 있으며, 저는 PNG 파일을 선택했습니다.

QR코드가 생성되면 본문 340쪽과 같이 오프린트미 편집 화면에서 바로 확인할 수 있습니다. QR코드를 드래그하여 미니배너 안에 넣어주세요. 크기를 조절하거나 원하는 위치로 자유롭게 이동 가능하니, 배너의 디자인 요소와 겹치지 않도록 적절히 배치해주세요. 또한 QR코드가 너무 작으면 인식되지 않을 수 있으니, 인쇄 전 스캔이 잘되는지 꼭 확인하는 것이 좋습니다.

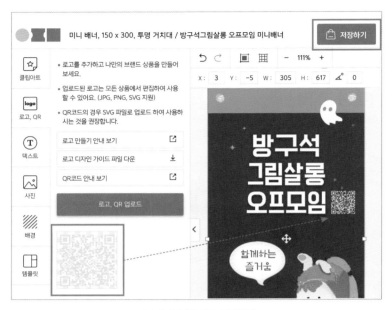

미니배너에 QR코드 삽입하기

미니배너가 완성되었다면, 오른쪽 상단의 [저장하기]를 눌러 주문 제작할 수 있습니다. 마지막으로 주문 전 오탈자, 색상, 사진 등 편집 내용을 꼼꼼히 확인해주세요.

클립보드와 미니배너를 이미지 파일만으로 제작하는 것은 결코 어렵지 않습니다. 특히 해당 굿즈가 네모난 모양(정사각형, 직사각형 등)이라면 더욱 그렇습니다. 순서대로 따라 해보면 금방 방법을 익힐 수 있으니, 여러분도 꼭 도전해보기 바랍니다.

칼선 있는 스티커 쉽게 제작하기

'스티커' 굿즈의 경우 예전에는 칼선 등 복잡한 부분 때문에 포토샵이나 일러스트레이터 같은 프로그램을 이용한 추가 작업이 필요했습니다. 그래서 프로크리에이트만 사용해온 사람들은 또 다른 프로그램을 사용해야 한다는 사실에 좌절하는 경우가 많았죠. 하지만 이제는 간편 에디터를 활용해 이미지 파일만으로도 손쉽게 스티커를 제작할 수 있게 되었습니다. 함께 나만의 스티커를 만들어볼까요?

간편 에디터를 제공하는 스티커 제작 업체 살펴보기

칼선 있는 스티커를 가장 쉽게 제작하는 방법은 간편 에디터를 제공하는 업체에서 주문하는 것입니다. 레드프린팅, 오프린트미, 퍼블로그 등이 대표적입니다. 세 곳 모두 칼선 스티커의 사이즈와 제작 용지 종류가 다양하고, 주문 과정이 간편하다는 공통점이 있습니다.

업체명	특징
레드프린팅	- 커팅선의 선택 범위가 넓음(-5mm~+5mm). - 제작 소요 기간이 비교적 짧은 편(영업일 기준 2~3일).
오프린트미	- 다양한 모양의 템플릿 제공. - 내 브랜드의 로고나 QR코드를 업로드할 수 있음.
퍼블로그	- 배경 디자인 템플릿을 제공. - 스티커에 그림자를 추가하거나 이미지를 보정할 수 있는 필터 기능(사진 효과)이 있음.

칼선 스티커 제작 대표 업체 특징

이 외에도 다양한 굿즈 제작 업체에서 칼선 스티커 제작 서비스를 제공하고 있으니, 직접 홈페이지에 방문하여 살펴본 다음 마음에 드는 스티커를 제작해보세요.

퍼블로그에서 칼선 있는 스티커 제작하기

이 책에서는 퍼블로그(Publog)를 통해 배경 디자인이 있는 칼선 스티커를 제작해보겠습니다.

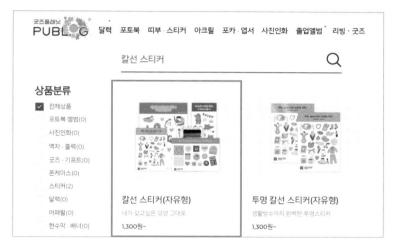

퍼블로그 홈페이지 - '칼선 스티커'를 검색하여 [칼선 스티커(자유형)] 선택하기

퍼블로그 홈페이지(www.publog.co.kr)에 접속해 [칼선 스티커(자유형)]를 선택해주세요. 다양한 사이즈가 있으니 원하는 사이즈를 선택하면 됩니다. 저는 140×200mm를 선택했습니다. 참고로 퍼블로그의 칼선 스티커는 반칼 스티커입니다. 반칼 스티커란 문구점에서 흔히 볼 수 있는 배경지가 있는 스티커를 말합니다.

칼선스티커 사이즈, 제작형식, 용지 선택하기

배경과 칼선 간격과 코팅을 선택할 수 있습니다. 이번에는 배경이 있는 스티커를 만들어볼 예정이므로, 배경 사용에 [사용]을 선택, 칼선 은 [2mm], 코팅은 [없음]으로 선택 후 [자유롭게 만들기]를 눌러주세요.

칼선스티커 배경 사용, 칼선 간격, 코팅 선택하기

제5부. 내 그림으로 나만의 굿즈 만들기

[자유롭게 만들기]를 누르면 아래 그림과 같은 첫 화면을 볼 수 있습니다.

[자유롭게 만들기] 첫 화면

먼저 [사진 가져오기]를 눌러, 편집에 사용할 그림 이미지 파일을 불러오겠습니다. 이때 PNG(투명 배경) 파일과 JPG 파일의 차이를 이해하고, 목적에 맞는 파일을 선택해야 합니다. 프로크리에이트에서 PNG 파일로 저장했을 경우 이미지의 테두리를 기준으로 칼선이 자동 생성되고, JPG 파일로 저장한 경우에는 이미지 전체가 네모난 형태로 인식되어 해당 모양 그대로 칼선이 만들어집니다.

PNG 투명배경 파일   JPG 파일

그림을 다 불러왔다면, 다음으로 [디자인]을 먼저 선택하여 스티커 배경을 만들어보겠습니다. 퍼블로그에서는 여러 디자인을 제공합니다. 취향에 맞는 디자인을 선택해주세요. [디자인] 안의 요소들은 위치를 바꾸거나, 복사 또는 삭제할 수 있습니다.

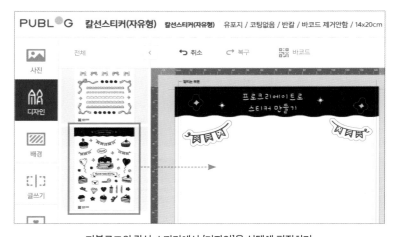

퍼블로그의 칼선 스티커에서 [디자인]을 선택해 편집하기

마음에 드는 디자인을 선택했다면, 불러온 그림을 드래그하여 원하는 위치에 삽입합니다.

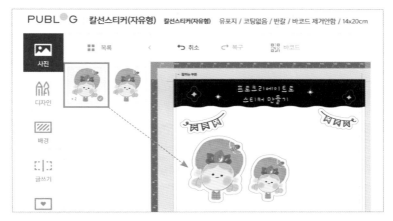

[사진]에서 내 그림을 업로드하여 스티커로 불러오기

불러온 그림의 사이즈는 자유롭게 조절할 수 있으며, 위치도 마음대로 선택할 수 있습니다. 단, 그림과 그림 사이 간격이 너무 가깝지 않게 최소 간격을 고려하여 배치해야 합니다. 간격이 너무 좁아지면 아래 그림처럼 칼선이 합쳐질 수 있습니다.

그림과 그림 사이 최소 간격 적절

최소 간격보다 좁아져 칼선이 합쳐진 모습

물론 의도적으로 아래 이미지처럼 그림과 그림 사이 간격을 좁혀 칼선을 합친 다음 하나의 스티커로 만들 수도 있습니다.

의도적으로 하나의 스티커로 합친 모습

한편 퍼블로그의 칼선 스티커는 레드프린팅이나 오프린트미에 없는 기능이 있는데요. [그림자]와 [사진효과]입니다. 불러온 그림을 클릭하면 아래 그림과 같이 칼선설정과 부가기능이 활성화됩니다.

칼선 설정 및 부가기능이 활성화된 모습

칼선설정의 경우 기본으로 '바깥쪽'이 설정되어 있습니다. '안쪽'을 선택할 경우 그림 일부가 잘리기 때문에 '바깥쪽' 설정을 그대로 두면 됩니다. 그리고 아래 탭에 활성화된 부가기능을 선택하여 그림을 회전하거나 좌우반전, 그림자 기능 등으로 가볍게 편집할 수 있습니다.

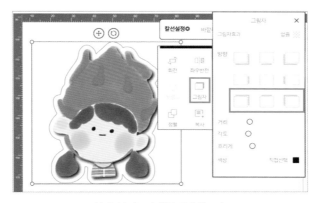

부가기능 [그림자]를 선택한 모습

[사진효과]를 선택하여 보정한 모습

참고로 [그림자] 기능의 경우, 일반 종이(유포지, 아트지 등)보다 크라프트지를 선택했을 때 좀 더 그림을 강조하는 효과가 잘 나타납니다.

원본 그림   그림자 효과   크라프트지에 그림자 효과

스티커로 만들고 싶은 모든 그림의 배치가 끝났다면, 간편 에디터 화면의 오른쪽 상단에 있는 [미리보기]를 눌러 최종 점검을 합니다. 그리고 [저장] 버튼을 눌러 장바구니에 저장하고 주문할 수 있습니다. 작업 중간중간 저장 버튼을 눌러두는 것도 좋습니다.

[저장]하여 장바구니에 담기

스티커 최종 완성 모습

　　참고로 퍼블로그 외에 레드프린팅, 오프린트미 등 다른 곳에서도 여기서 소개한 과정과 거의 유사한 방식으로 칼선 스티커를 제작할 수 있습니다. 각자 조금씩 기능에 차이가 있으니 잘 살펴보고 마음에 드는 업체를 선정해 칼선 스티커를 제작해보세요. 프로크리에이트에서 본 내 그림이 스티커로 만들어지고 다이어리, 노트 등 다양한 곳에 부착되는 모습을 보면 또 다른 감동이 느껴질 것입니다.

캔바를 활용하여 굿즈 제작하기

chapter
26

지금까지 간편 에디터를 제공하는 소량 굿즈 업체를 통해 굿즈를 제작해보는 과정에 초점을 두었다면, 이번에는 디자인 작업을 할 수 있는 캔바를 소개하고자 합니다. 캔바는 누구나 쉽게 디자인 작업을 할 수 있도록 다양한 템플릿과 편집 기능을 제공하는 플랫폼입니다. 캔바에서 완성된 그림의 색감을 변경하거나, 다른 사람들과 함께 굿즈를 제작하는 방법을 살펴볼까요?

캔바를 활용해 만든 굿즈 예시

캔바 에디터에서 필터를 사용해 색감 변경하기

먼저 캔바 홈페이지(https://www.canva.com/)에 접속한 다음 오른쪽 상단의 [가입] 버튼을 눌러 캔바 이용약관에 동의해주세요. 캔바는 구글, 페이스북, 이메일로 회원가입과 로그인이 가능합니다.

캔바 홈페이지 모습

캔바 회원가입 - 이용약관 동의하기

캔바 홈페이지에서 디자인 만들기

캔바 [디자인 만들기] - [맞춤형 크기] 선택

　　캔바에 로그인을 했다면 내 그림을 업로드할 디자인 페이지를 만
들어야 합니다. 좌측 상단의 [+디자인 만들기]를 클릭하면, [맞춤형 크
기]에서 직접 사이즈를 지정하여 디자인을 만들 수 있습니다. 이때 맞
춤형 크기는 우리가 제작할 '굿즈의 작업 사이즈'와 동일한 수치를 입

력해주어야 합니다.

이번에 제작할 굿즈는 '스툴'입니다. 스툴은 레드프린팅(https://www.redprinting.co.kr)에서 제작할 수 있습니다. 홈페이지에서 스툴을 검색하면, 아래 그림처럼 스툴 굿즈의 작업 사이즈를 확인할 수 있습니다.

레드프린팅의 스툴 작업 사이즈 확인하기

스툴의 작업 사이즈는 292×292mm이므로, 캔바 [맞춤형 크기]에도 동일한 사이즈를 입력한 다음 [새 디자인 만들기]를 클릭해주세요.

캔바 [디자인 만들기] - [맞춤형 크기] 입력 - [새 디자인 만들기] 클릭

[새 디자인 만들기]를 클릭하면, 아래와 같이 굿즈로 제작할 그림을 업로드할 수 있는 페이지가 나옵니다. 그럼 이제 내 그림을 업로드해볼까요? 왼쪽 탭 [업로드 항목] - [파일 업로드]를 눌러 내가 그린 이미지를 업로드한 다음, 빈 페이지에 그림을 드래그하여 삽입해주세요.

캔바에 내가 그린 그림 업로드하기

캔바에는 다양한 기능이 있는데, 그중 [편집] 기능을 사용하면 필터, 효과 등을 적용할 수 있습니다. 먼저 내 그림을 클릭하면 본문 357쪽 위 그림과 같이 [편집] 바가 나타납니다. 여기서 [편집] 버튼을 누르면, 간편 에디터의 왼쪽에 필터 기능을 사용할 수 있는 창이 뜹니다. 그러면 [필터] - [모두 보기]를 눌러주세요.

제5부. 내 그림으로 나만의 굿즈 만들기

캔바 [편집] - 필터 [모두 보기]

다양한 종류의 필터가 있으며, 이 중 마음에 드는 필터를 선택하면

캔바에서 필터 적용하기 - 컬러 팝(히비스커스) 필터를 적용한 모습

아래와 같이 그림의 색을 변경할 수 있습니다.

    필터 기능을 사용하면 내가 그린 그림에 다른 색을 적용했을 때의 모습을 간편하게 미리 볼 수 있습니다. 마음에 드는 색 조합이 있다면, 필터가 적용된 이미지를 그대로 사용하는 것도 괜찮겠지요. 저 역시 가끔 이 기능으로 색 배합을 확인한 다음, 그림을 수정하거나 보완하고는 합니다.

제5부. 내 그림으로 나만의 굿즈 만들기

캔바에서 공동 작업이 가능한 이벤트 굿즈 제작하기

이번에는 캔바를 활용해 다른 사람과 함께 굿즈를 공동 제작하거나 이벤트 굿즈를 만드는 방법을 알아볼까요? 저도 종종 다른 사람과 협업해 굿즈를 제작하거나 특정 행사에 맞춘 이벤트 굿즈를 만들 때가 있습니다. 모두 각자 따로 제작하면 편할 수도 있지만, 누군가가 작업을 정리하고 관리해야 하는 상황이라면 캔바를 활용하는 것도 좋은 방법입니다.

먼저 굿즈 제작을 위한 안내 페이지를 만들어보겠습니다. 왼쪽 탭에서 [디자인]을 클릭한 다음, 원하는 모양의 템플릿을 선택해주세요.

캔바에서 새로운 페이지 만들기

그러면 간편 에디터에 해당 템플릿이 불러옵니다. 여기서 원하는 템플릿 페이지를 선택해 내가 원하는 대로 수정할 수 있습니다.

캔바 디자인 템플릿을 내 페이지로 불러오기

저는 파란색 줄무늬 배경의 템플릿을 불러와서 다음과 같이 이벤트 굿즈 안내 페이지를 제작하였습니다. 1~2페이지에는 이벤트 굿즈 안내 내용을, 2~3페이지에는 굿즈 작업을 위한 사이즈 등의 내용을 작성하였습니다. 스툴의 경우 '윗면'과 '측면+밑면'으로 이루어져 있어서, 그림을 작업할 때 '윗면'과 '측면+밑면' 두 가지 사이즈로 작업해야 합니다. 이 내용을 안내 페이지에 꼼꼼히 적어줍니다.

이벤트 굿즈 안내 페이지 1~2쪽 예시

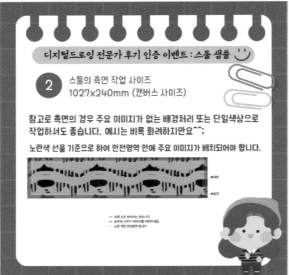

이벤트 굿즈 안내 페이지 3~4쪽 예시

제5부. 내 그림으로 나만의 굿즈 만들기

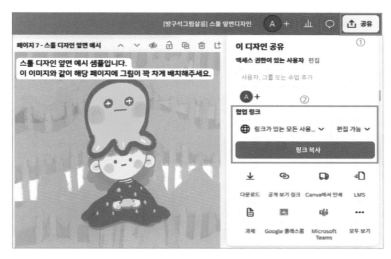

캔바 공동작업이 가능한 링크 복사하기

    그리고 그 아래 예시 샘플 페이지를 위 이미지와 같이 만든 다음, 함께 굿즈를 만들 사람들(이벤트 굿즈를 신청하는 사람들)을 초대합니다. 사람들을 초대하려면 우측 상단의 [공유] 버튼을 클릭하세요. 그다음 [협업 링크]에서 [링크가 있는 모든 사용자]와 [편집 가능]을 선택한 뒤, [링크 복사]를 눌러 함께 작업할 사람들에게 전달하면 됩니다.

    해당 링크로 접속하면, 여러 명이 동시에 작업할 수 있습니다. 저는 30명을 한꺼번에 초대해 하나의 프로젝트에서 100페이지 넘는 작업을 실시간으로 진행한 적도 있습니다. 참고로 캔바는 초·중·고등학교 교사의 경우 재직증명서를 제출하면 유료 기능을 무료로 사용할 수 있는 교육용 계정 업그레이드를 지원하고 있습니다.

스툴을 제작하기 위해서는 앞면뿐만 아니라, 스툴의 측면 또한 만들어야 합니다. 캔바의 작업 사이즈와 굿즈의 작업 사이즈를 동일하게 맞춰야 하기 때문에 측면 크기에 맞게 디자인을 하나 더 만들어 줍니다. 스툴 디자인 측면의 작업 사이즈는 1027×240mm입니다.

스툴 측면 디자인 작업 사이즈

스툴 측면 디자인 사이즈 확인 후 캔바에서 새로운 디자인 만들기

스툴 측면 디자인도 아래와 같이 예시 샘플을 만들고, 스툴 윗면과 동일한 방법으로 해당 디자인의 협업 링크를 공유하여 공동 작업을 진행합니다.

스툴 측면 디자인 예시 샘플 안내페이지

공동 작업 참여자들이 이미지 파일(윗면/측면 2개 이미지)을 모두 업로드하면, 이제 해당 이미지를 다운로드합니다. 이미지를 다운로드하려면 본문 366쪽 위 그림처럼 우측 상단의 [공유] - [다운로드]를 선택한 다음, 파일 형식을 이미지 파일인 [PNG]로 변경하고 보라색 [다운로드] 버튼을 클릭하면 됩니다.

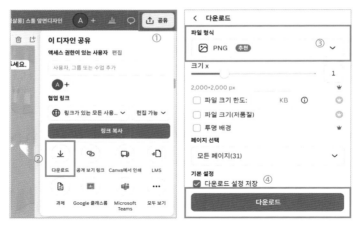

이미지 파일 다운로드하기: [공유] - [다운로드] - 파일 형식 [PNG] 선택 - [다운로드]

그리고 레드프린팅에서 '스툴'을 검색한 다음 다운로드한 이미지를 간편 에디터에서 업로드합니다.

레드프린팅에서 스툴 주문하기: [파일 업로드] - [에디터] - [편집하기]

제5부. 내 그림으로 나만의 굿즈 만들기

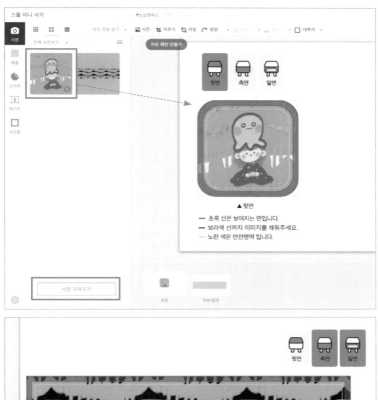

스툴 윗면, 측면 각 이미지를 업로드하여 배치하기

이렇게 스툴 디자인을 모두 업로드하여 주문하면 손쉽게 스툴을 제작할 수 있습니다. 실제로 저는 이벤트 굿즈를 스툴로 제작하면서, 이벤트 당첨자에게 캔바 링크를 공유해 직접 자신이 그린 이미지를 업로드하도록 한 뒤, 그 파일들을 한꺼번에 다운로드해 굿즈를 주문하고는 했습니다.

작업이 끝난 후에는 협업 링크를 [본인만 액세스 가능]으로 변경하거나, 협업 링크는 동일하게 두되 [보기만 가능]으로 설정하는 등의 추가적인 관리도 가능합니다.

뚝딱샵으로
굿즈 제작 수업하기

그림을 그리다 보면 혼자 그릴 때도 있고 누군가와 함께 작업할 때도 있습니다. 소모임을 운영하거나, 학원이나 학교에서 학생들을 가르치는 상황일 수도 있지요.

만약 여러분이 디지털 드로잉 소모임을 운영하거나 굿즈 제작 수업을 하게 된다면 '뚝딱샵'을 활용해보세요. 여러 사람이 다양한 디자인 굿즈를 만들 때 생길 수 있는 피로도를 확 낮추고, 훨씬 더 효율적으로 제작할 수 있답니다.

뚝딱샵 회원가입 및 초대 계정 만들기

뚝딱샵(https://ddddshop.co.kr/)에 접속한 다음, 오른쪽 상단의 [회원가입] 버튼을 눌러 티처빌 통합 회원가입을 진행해주세요. 회원 유형은 교사, 학원 종사자, 일반 사용자 등으로 나뉘어 있으니, 본인에게 해당되는 유형을 선택하면 됩니다. 참고로 우리가 뚝딱샵에서 사용할 '초대 계정' 기능은 회원 유형과 관계없이 누구나 사용할 수 있습니다.

뚝딱샵 회원가입하기

회원가입 후 로그인을 했다면, 이제 초대 계정을 살펴볼까요? 초대 계정이란, 교사가 자신의 계정으로 학생들을 초대하여 학생들이 디자인한 작업물을 확인 및 수정(편집)하여 굿즈를 쉽게 제작할 수 있도록 돕는 기능입니다. 이때 초대 계정은 교사만 사용할 수 있는 기능이 아니라 학부모, 모임장, 학원, 방과후학교 강사 등 누구나 사용할 수 있습니다. 초대 계정이 특히 편리한 이유는 학생들(또는 모임원)이 굿즈 제작을 '직접'하고, 교사(또는 모임장)는 굿즈 디자인을 '확인 후 장바구니'에 바로 넣어 주문할 수 있다는 점입니다.

자, 그럼 이제 초대 계정을 만들어볼까요? 뚝딱샵 홈페이지 오른쪽 상단 로그인, 회원가입 아래 [초대계정] 탭을 클릭해주세요.

[초대계정] 클릭하기

[초대계정]을 클릭한 다음 [초대 계정 관리 바로가기]를 눌러주세요. 로그인되어 있는 상태라면 곧바로 초대 계정 페이지로 연결됩니다. 로그인이 되어 있지 않다면 [로그인 유형 선택] 화면에서 [티처빌 통합계정 로그인(선생님)]을 클릭하면 됩니다.

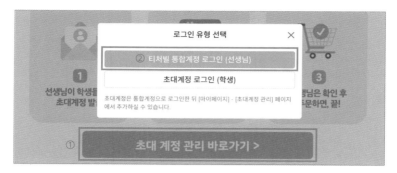

[초대 계정 관리 바로가기] - [티처빌 통합계정 로그인(선생님)] 클릭하기

아래와 같이 [초대 계정 관리] 페이지로 들어왔다면, [엑셀로 일괄
등록] 또는 [직접 등록] 방식 중 하나를 선택하여, 초대하고 싶은 사람
의 명단을 입력해야 합니다.

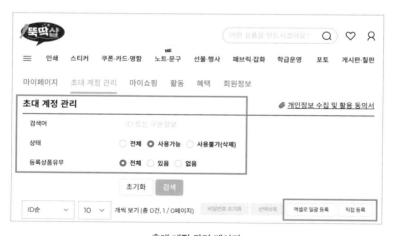

초대 계정 관리 페이지

초대하고자 하는 사람이 소수라면 [직접 등록]을 선택하여 아이디, 비번, 이름과 구분정보를 입력해주세요.

초대 계정 직접 등록하기

내용을 모두 입력한 다음 [등록] 버튼을 누르면, 초대 계정 관리 페이지에서 아래와 같이 등록한 아이디를 확인할 수 있습니다.

NO	ID	이름	구분정보	상태	등록상품	마지막 활동
1	artist	조안나	디지털 드로잉 자격증반 5기	사용가능	0개	로그인 이력 없음

초대 계정 관리 페이지

인원수가 많아도 걱정할 필요는 없습니다. [엑셀로 일괄 등록]을 선택한 뒤, [샘플파일 다운로드]를 클릭해주세요. 다운로드된 엑셀파일에 로그인아이디, 비밀번호, 이름, 구분을 작성하고 [파일 선택]을 눌러 업로드하면, 초대 계정이 일괄적으로 생성됩니다.

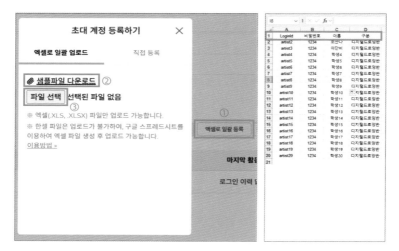

엑셀로 일괄 등록하기

우리는 '초대 계정 생성자(교사, 모임장 등)'입니다. 그리고 우리가 생성한 계정으로 '학생(또는 모임원)'이 접속하는 것이지요.

초대 계정 생성자(교사)	초대 계정(학생)

- 테크빌 통합회원.
  (티처빌, 티처몰 등 로그인 가능)
- 초대 계정 생성/ 수정/ 삭제/ 비밀번호
  초기화 가능.
- 초대 계정의 로그인/ 등록상품 등
  이력 확인 가능.
	- only 뚝딱샵만 로그인 가능.
	  (초대 계정 전용)
	- 상품 편집 후 보관함 저장 시 생성자
	  계정으로 실시간 공유됨.
	- 계정 관련 권한 없음.

초대 계정 생성자와 초대 계정

이제 학생을 뚝딱샵으로 초대해볼까요? 이번에는 학생 화면을 기준으로 살펴보겠습니다. 뚝딱샵에 접속한 다음, 오른쪽 상단의 [로그인] - [초대계정 로그인(학생)]을 눌러주세요.

학생 초대 계정 로그인하기

앞에서 만들었던 초대 계정 아이디, 비번을 입력합니다.

초대 계정 로그인하기(학생 화면)

초대 계정으로 레더커버 다이어리 만들기

이제 만들고자 하는 굿즈를 직접 선택해볼까요? 이번에는 레더커버 다이어리를 만들어보겠습니다. 뚝딱샵에서 사용하는 정식 명칭은 '레더커버 사철노트'입니다.

레더커버 사철노트 [직접만들기] 선택하기

'레더커버 사철노트'를 검색한 뒤, [직접만들기]를 선택해주세요. 용지는 레더필 원단, 내지는 줄, 위클리, 3분할, 전체모눈 등으로 선택할 수 있습니다. 용지와 내지, 수량까지 선택했다면, 하단의 초록색 버튼 [만들기]를 눌러주세요(본문 378쪽 위 그림 참고).

직접 만들기 양식 결정하고 [만들기] 선택하기

레더커버 다이어리는 겉면과 안쪽 면으로 이루어져 있어요. 즉 겉면 그림과 안쪽 면 그림을 각각 따로 지정할 수 있습니다.

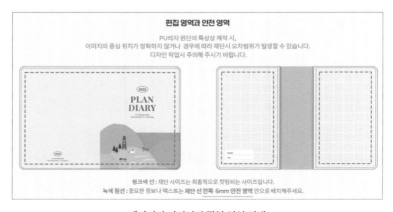

레더커버 다이어리 작업 영역 안내

다이어리의 전체 실물 사이즈는 294×194mm입니다. 홈페이지에 작업 사이즈가 명시되어 있진 않지만, 일반적으로 가로와 세로에 각각 10mm씩 여유를 두어 작업하는 것이 좋습니다. 즉 프로크리에이트로 레더커버 다이어리용 그림을 그린다면 캔버스 사이즈를 304×204mm 로 설정해 작업하는 것이지요. 또는 아래와 같이 앞면과 뒷면 두 장의 그림을 각각 업로드하여 다이어리를 만들 수도 있습니다.

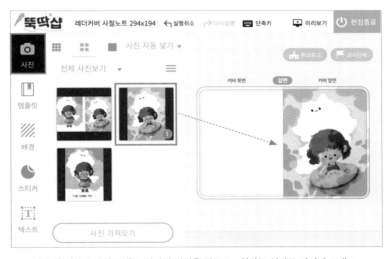

[사진] - [사진 가져오기]로 이미지 파일을 업로드 - 원하는 위치로 이미지 드래그

사진을 업로드하는 방법은 쉽습니다. 왼쪽 탭에서 [사진] - [사진 가져오기]로 이미지 파일을 업로드한 다음, 마우스로 드래그하여 원하는 위치(커버 뒷면, 앞면 등)에 놓습니다.

마우스로 드래그하여 원하는 위치에 그림 넣기

겉면, 안쪽면 좌측, 안쪽면 우측에도 내가 그린 그림을 [사진 가져오기]를 통해 업로드하여 배치합니다. 모든 배치가 끝났다면, 간편 에디터 오른쪽 상단의 [편집종료]를 눌러주세요. 그러면 초대 계정에 작업 파일이 저장된 것을 확인할 수 있습니다.

초대 계정 학생(모임원 등) 화면에서 작업 파일이 저장된 모습

제5부. 내 그림으로 나만의 굿즈 만들기

교사(또는 모임장 등) 화면에서는 아래와 같이 보입니다. 이때 [등록 상품]에 '1개'라고 수량이 표시된 것을 확인할 수 있습니다.

초대 계정 생성자 교사(모임장 등) 화면에서 작업 파일이 보이는 모습

교사는 [등록상품]을 클릭하면 학생 작업 화면을 직접 볼 수 있습니다. 학생 화면과의 차이는 교사 화면에서는 초대 계정 아이디와 구분 정보를 함께 볼 수 있다는 점입니다. 또 학생 화면에서는 상단의 [편집중 상품]의 개수가 '1'로 보이지만, 교사 화면에서는 여러 명의 학생이 편집 중인 상품 수가 한꺼번에 보입니다.

교사 화면에서 초대 계정 작업 상황 확인하기

미리보기 화면에 마우스를 가져가면, 아래 그림처럼 [+] 버튼이 활성화됩니다. [+] 버튼을 누르면 학생들이 작업한 그림 파일을 '상품 미리보기'로 확인할 수 있어, 굿즈를 주문하기 전 최종 점검이 가능합니다.

교사 화면에서 초대 계정 작업 파일 확인하기

교사는 여러 학생들의 작업 파일을 미리보기로 확인한 다음, 수정이 필요한 부분이 있다면 [편집하기]를 통해 직접 수정할 수도 있습니다.

이렇게 초대 계정 생성자가 되어 디지털 드로잉 굿즈 제작 수업 등의 강의을 준비하거나 소모임에서 굿즈를 제작해보세요. 굿즈 제작의 즐거움을 다 함께 나눌 수 있답니다.

제5부. 내 그림으로 나만의 굿즈 만들기

에필로그

디지털 드로잉을 처음 접하면, 내가 무엇을 할 수 있는지를 알기 어렵죠. 작은 캔버스 화면도 크게 보이고, 막막할 때가 있습니다. 그런 막연한 두려움을 떨쳐내고 누구나 편하게 디지털 드로잉을 만날 수 있도록 돕고 싶었습니다. 그래서 캐릭터를 그려보고, 이모티콘과 인스타툰을 만들어보고, 내 그림으로 굿즈까지 제작하는 모든 과정을 한 권의 책으로 담았습니다. 그림을 그리는 동안 여러분이 행복하면 좋겠습니다.

지은이 조안나(annasam0322@naver.com)

————

디지털 드로잉, 처음에는 정말 어색하고 낯설었어요. 이모티콘 작가가 되기까지 정말 많은 시행착오를 겪었답니다. 이 책은 저처럼 '디지털 드로잉 왕초보'인 분들을 위해 쓴 작은 안내서예요. 집필하는 동안 항상 옆에서 응원해준 가족과 함께 집필한 작가님들께 고마운 마음이 가득해요. 여러분의 디지털 드로잉 여정에 이 책이 작은 도움이 되길, 나아가 자유롭게 스스로를 표현하고 다른 사람들과 함께 나누는 즐거움을 발견하는 계기가 되길 바랍니다.

지은이 이선아(@every_nari)

───────

작은 선 하나에도 마음이 흔들렸던 고통의 순간들, 내 그림이 세상에 나와 느꼈던 기쁨의 순간들을 떠올리며 원고를 썼습니다. 요즘은 AI가 몇 마디 말만으로도 멋진 그림을 척척 그려주지만, 한 땀 한 땀 그린 그림이 주는 가치는 결코 작아지지 않을 것입니다. 비록 조금 느릴 수도 있고, 처음엔 서툴 수 있지만, 그리는 손길 하나하나에 여러분의 리듬이 깃들고, 완성된 그림 속엔 어느새 여러분의 시간이 담길 것입니다. '잘 그리는 그림'보다 '즐겁게 그리는 순간들'이 여러분 곁에 오래오래 머물기를 바랍니다. 그리고 이 책을 끝까지 쓸 수 있도록 응원하고 격려해준 남편과 아들, 딸에게 고맙고 사랑한다는 말을 전하고 싶습니다.

지은이 유예지(@yuyatrain)

───────

알고 있는 내용을 정리해서 책으로 전한다라는 행위가 결코 간단한 일은 아니더군요. 하지만 디지털 드로잉을 알고 싶어하는 분들에게 도움이 된다면 충분히 가치 있는 일이라고 생각하고 이 책을 썼습니다. 사실, 디지털 드로잉이라고 해서 '그린다'라는 행위 자체가 변하진 않아요. 도구만 디지털 장비로 바뀌었을 뿐이죠. 이 책을 통해 디지털 드로잉 도구에 익숙해짐으로써 그림에 대한 부담은 덜기를, 그림으로 행복은 더하기를 바랍니다. 그리고 이 책이 나오기까지 함께해준 모든 분께 진심을 담아 감사를 전합니다.

지은이 백승열(@ghostpeper_t00n)